巨星经济学

SUPERSTAR ECONOMICS

艾云豪　著

图书在版编目（CIP）数据

巨星经济学 / 艾云豪著. — 重庆 : 重庆出版社, 2022.11
ISBN 978-7-229-17214-5

Ⅰ.①巨… Ⅱ.①艾… Ⅲ.①体育产业—体育经济学 Ⅳ.①G80-052

中国版本图书馆CIP数据核字（2022）第195897号

巨星经济学
JUXING JINGJIXUE

艾云豪　著

出　　品：华章同人
出版监制：徐宪江　秦　琥
责任编辑：朱　姝　王晓芹
特约编辑：陈　汐
特约策划：学说
营销编辑：史青苗　刘晓艳　孟　闯
责任印制：白　珂
书籍设计：左左工作室

重庆出版集团
重庆出版社 出版
（重庆市南岸区南滨路162号1幢）
北京盛通印刷股份有限公司　印刷
重庆出版集团图书发行有限公司　发行
邮购电话：010-85869375
全国新华书店经销

开本：787mm×1092mm　1/32　印张：10.625　字数：200千
2022年12月第1版　2022年12月第1次印刷
定价：68.00元

如有印装质量问题，请致电023-61520678

版权所有，侵权必究

序一

一般人很难将诺贝尔经济学奖与体坛巨星联系到一起,但这本《巨星经济学》却让读者从身边最熟悉不过的体育运动中领略了高深的经济学理论。作者在这本书中展现了非凡的想象力,以及对经济学和体育运动的深刻认知。

讲到经济学,人们总会想到那些高深的经济学原理和复杂的数学公式,但观察那些诺贝尔经济学奖获得者的理论,我们会发现,经济学往往就存在于生活之中,虽抽象却不复杂。而风靡全球的各类体育运动是我们生活中的重要内容,球场也如经济社会一般,有进攻也有防守,有个人也有团队,有竞争也有合作。本书最吸引人的地方在于,作者梳理了保罗·克鲁格曼(Paul Krugman)、丹尼尔·卡尼曼(Daniel Kahneman)、约翰·纳什(John Nash)等十余位诺贝尔经济学奖获得者的获奖理论,将其应用在球场上,并一一进行了演绎。比如,作者用英格兰超级联赛(Premier League,简称"英超")产业的高度规模化和精细分工揭示了克鲁格曼提出的"外部规模经济"(external economy of scale)理论,用球员选秀和举牌转会解释了理查德·塞勒（Richard Thaler）提出的"赢家的诅咒"（The Winner's Curse），用泰格·伍兹（Tiger Woods）在球场上想赢怕输的推杆选择解释了卡尼曼提出的"前景理论"（Prospect Theory），等等。这些看似陌生的经济学原理，在作者所讲述的精彩案例中，成为一个个与社会生活产生强关联的概念，为我们打开了理解世界经济的独特视角，生动地诠释了体育运动中的经济学涵义。

本书的文字来源于作者对经济学的深刻洞察，以及对体育赛事的热爱。作者艾云豪是一名非常优秀的专业投资人，在投资领域有过很多成功的投资案例，同时，他也是一位资深的体育爱好者，常年关注欧洲顶级足球联赛以及各类体育赛事，并与不少球队的管理层、赞助商、教练以及球员都有深入的交往，想必书中各类体育赛事的案例、故事大多来源于此。

作为体育爱好者的我，这些年一直希望能够看到一部将体育运动和经济学相结合的作品，向大众普及经济金融学知识。今有幸读得本书，读完意犹未尽，特推荐给大家，让我们跟随作者，一起走进体育巨星们的经济学世界。

清华大学五道口金融学院　廖理

2022 年 11 月

序二

我曾经和一位文艺范儿十足的金融业同行聊天,他对我说,数学是冰冷的,而文学是有温度的。那这么说来,经济学在我眼中就是含情脉脉的!

看到云豪的这本新书,我脑中猛地冒出两个英文单词"superstar economics"(巨星经济学),然后想起近些年名声再噪的"创新理论"的奠基人兼"创造性毁灭"概念的提出者——奥地利经济学家约瑟夫·熊彼特(Joseph Schumpeter)。熊彼特在 1949 年讨论帕累托定律(Pareto Law,即财富的 80/20 法则,占据 80% 财富的 20% 人口就是财富巨星)时指出:"几乎没有经济学家意识到这些定律为我们的经济学打开的前景。具体来说,似乎没有人意识到对这类定律的追寻和阐释可能奠基一个全新的理论。"[1]

时至今日,73 年过去了。社会科学家们如同星探,"超级巨星"在不同的领域破"纸"而出,国际贸易、城市发展、股票交易、

---

[1] Joseph Schumpeter (1949). Vilfredo Pareto, *Quarterly Journal of Economics*, Vol. 63: 155.

公司增长、高管薪酬、影视体育、管理法规出台、数学专家合作、学术论文引用等都成了超级巨星的孵化场和栖息地。漂亮的理论应运而生：从法国数学天才路易斯·巴施里耶（Louis Bachelier）的算术布朗运动到泽维尔·加贝克斯（Xavier Gabaix）的带反射边界的几何布朗运动；从莱昂哈德·欧拉（Leonhard Euler）的哥尼斯堡七桥问题到艾伯特-拉斯洛·巴拉巴西（Albert-László Barabási）的优先链接复杂网络；从概率分布的极值理论到搜索匹配中的巨星效应……

时髦的爬虫算法，华丽的计量手段，前沿的数学理论，都为巨星经济学扮上了一身高冷的气质。严格的统计规律和顽固的收敛定理让广大经济学爱好者，甚至是大多数经济学研究者望而却步。正如斯蒂芬·杰伊·古尔德（Stephen Jay Gould）所说："如果不是为了了解清楚细节原委而不仅是抽象的模式所带来的精致的快乐，那历史有何意义？"[①] 经济学需要一个又一个有血有肉的故事和案例，搭配分析与解读的烟火炙烤，佐以适当的文学助攻，方能遍地开花、文香四溢。刘润老师在其畅销著作《底层逻辑》中，就对帕累托定律在商业决策上的根本性作用作出了精辟的论述，也给广大关心小孩成长的家长们带来了启发。弹钢琴还是学绘画？写小说还是写程序？像超新星爆发一样激情燃烧、热闹杂遝，还是在平平淡淡中追寻真理、拥抱永恒？

---

① Stephen Jay Gould (1990). Enigmas of the Small Shellies, *Natural History*, Vol. 90: 17.

体育明星是明星中的超级巨星，而足球明星又是体育明星中的摇滚巨星。音乐才子胡彦斌说："摇滚天生大一号！"云豪凭借多年的深入观察和冷峻思考，挥动经济学指挥棒，让包括多位诺贝尔经济学奖获得者在内的一支梦之队在他笔下翩翩起舞，无情地撕开了经济学孤傲的防线。敏锐的话题、客观的分析、幽默的语言、疾风折颈般的行文，为体育经济学倾注了一个爱好者的激情，也为巨星经济学赋予温情。足球巨星实力和运气的双重加持，足球产业的囚徒博弈，相爱相夺，极大地满足了读者的猎奇心。

　　前菜就到这里。

　　上牛肉！

上海财经大学金融学院教授 罗丹

2022 年 11 月

序三

很高兴可以为艾云豪兄的新书写序言,艾兄善于用经济学去解释体育运动的现象和赛果,他的文章不仅引用了文献,也引用了很多数据,言之有物。体育经济学是经济学的一门分支,也有专业的学术期刊,但中国香港地区专攻体育经济学的学者少之又少,我和其他同学偶尔也会用经济学去解释一些体育现象,但都是个别案例。艾兄对体育经济学的认识,比香港任何大学的经济学教授都有过之而无不及,看过艾兄著作的同行也应该会认同我的评语。艾兄的这本著作是一部不可多得的探讨经济学与体育界现象的集成之作,不仅适合学过经济学或喜欢体育的人阅读,也会令普通读者觉得趣味盎然,我极力推荐给大家。

香港中文大学刘佐德全球经济及金融研究所常务所长
南京大学兼任教授 庄太量

序四

我很佩服艾云豪丰富的想象力，他能把两个自己感兴趣的学科——体育和经济——联系起来。

我有幸通过香港中文大学商学院的同事认识了艾云豪，并拜读了他另一本结合了足球和金融的著作《谁偷走了红魔》。相信一众曼联球迷一定能感受到，当今足球和其他运动已日趋商业化，一家足球俱乐部的规模能比得上甚至超过一家跨国企业，成功不只是要胜出比赛，更要在全球化的市场占一席之地。

各种职业运动越来越科学化，注重数据统计和分析。人们针对足球收集的数据也不再局限于两队的控球率和射门次数，个人数据，如个别球员的跑动距离甚至心率变动也有仪器实时测量。职业运动当中的学问，真的要集各学科的大成，才能透彻理解。

希望各位读者和我一样期待这场由艾云豪编导的"诺贝尔巨星队"表演赛！

香港中文大学商学院金融系副教授

蔡达铭

目录
CONTENTS

序一 /I

序二 /III

序三 /VI

序四 /VII

前 言 /XIII

第一部分　诺贝尔奖与足球 /001

英超是足坛"硅谷" /003
英超的垄断性竞争 /007
富豪为何一掷千金？ /011
以天价买球员有错吗？ /015
选秀日的行为经济学 /020
职业经纪人的短视行为 /023
怕输才会赢 /027
高尔夫球手的快思与慢想 /031
万延足球里"文明的冲突" /036
山谷足球队掀起的经济战争 /039
日本经济第三条道路的奇迹 /044
守门员的博弈论 /049
博弈论：这游戏并不是儿戏 /053
体育产业中的"囚徒困境" /057

英超偶然摆脱囚徒困境 /061

"困境"缠身的西甲 /066

电视台的破釜沉舟 /071

巨星无助于脱贫 /076

当贝克汉姆遇上弗里德曼 /080

谁能明白我这个普通人 /084

巨星跨界是福还是祸 /088

第二部分　巨星的运气和技艺 /093

贝利的足球金童经济学 /095

一个巨星的诞生 /099

0 与 1 之间 /104

富者越富 /110

"我们"的巨星 /113

谁是天才 /117

乔治·贝斯特：球神的蜕变 /120

名利场的另一面 /125

梅西的运气 /129

连专家的预测都要计算运气？ /132

运气属于技术"接近最好"的人 /137

幸运儿是我 /143

运气"照妖镜" /147

摇滚方程式 /152

幸运之外 /155

刻意练习成就非凡 /161

原子任务改变人生 /166

迟来的春天 /170

谁说成名要趁早？ /174

数字时代的网中人 /180

巴乔的失误和救赎 /183

瞬间制敌的能力 /188

当对手"不存在",你就赢了 /193

"若不是"是最高境界? /198

反面想象下的意识流 /202

点球决胜的因果关系 /206

身价飞升之谜 /213

第三部分　巨星企业经济 /217

耐克的创业基因 /219

阿迪达斯定义运动行业的国际化 /226

阿迪达斯浴火重生 /232

彪马的华丽转身 /240

彪马为何"奢侈"起来? /246

穿瑜伽服的优越感 /251

精明的"柠檬" /256

价值100亿美元的瑜伽课 /262

明星、巨企亲自上场的"千亿赛" /271

引"鼠"入室 /275

"我穷得只剩下钱了" /278

"天空"才是尽头 /282

千金"丢"尽还复来 /287

尾声:绝处或可逢生 /293

后记 /299

参考文献 /303

前 言

本书将以经济学的视角，将巨星的运气和技艺逐一进行分析，从连场大战和王者之路中，道出许多有趣、有用甚至有点暗黑的故事。

书中提到的巨星，除了"绝代双骄"梅西（Messi）和C.罗纳尔多（Cristiano Ronaldo，下称C罗）之外，还有名宿贝利（Pele）、乔治·贝斯特（George Best）等。我们将以足球明星为主，同时也有篮球明星姚明和科比·布莱恩特（Kobe Bryant），网球明星罗杰·费德勒（Roger Federer）和高尔夫球明星泰格·伍兹等。除此之外，我们还将引入"超级企业"，带大家化身华尔街分析师，分解体坛巨星企业的王者攻略。本书引述的资料，除了文字和数字记录外，还有多部电影和多首流行金曲。

本书将以几类运动作为场景，透视其背后的行为逻辑。看这本"球经"可能需要戴上一副特制的眼镜，在讲第二部分的巨星方程式之前，我们先要看看工匠大师们是怎样把"道具"炼制出来的。为此，我们将云游瑞典，到瑞典皇家科学院[①]（The Royal Swedish

---

[①] 瑞典皇家科学院的总部设于瑞典首都斯德哥尔摩，是瑞典最高学术机构和最大科学中心，承担了多项学术奖项的评选和高水平期刊的编辑工作。

Academy of Sciences）去拜访那支没有官网的"诺奖巨星队"，向这些脚下功夫和心法已臻化境并获得诺贝尔奖的经济学家和文学大师们取经，尽情欣赏他们的经典著作中，英超、美国足球、日本足球以及其他球类俱乐部是如何创造奇迹的。

读者可将本书视为当《卖桔者言》①遇上了《足球经济学》（Soccernomics）和《魔鬼经济学》（Freakonomics）。在《卖桔者言》一书中，张五常教授用闲话家常的方式解说夜市卖桔的故事，家喻户晓；英国《金融时报》（Financial Times）作家西蒙·库珀（Simon Kuper）和经济学家斯蒂芬·希曼斯基（Stefan Szymanski）用经济学工具，分析了足球战况及其背后的故事；当年的年轻学者史蒂文·列维特（Steven Levitt）和记者斯蒂芬·都伯纳（Stephen Dubner）合作，写出了生活中许多稀奇古怪的故事。承蒙以上大作的启迪，本书以诺奖大师们的理论作为工具，另辟蹊径，展开论述；书中的场景，是大家一看就明了的龙门、禁区和草坪。

本书是结合诺奖大师的文献、体坛新闻和个人经验总结而成的杂谈，虽然本书存在一些符号和非典型的术语，但最终还是要把这些被加密过的讯息，以通俗易懂的方式进行解谜和揭秘，让读者可以像在浏览网站和评论一样，轻松地与巨星和诺奖大师聊天。

那些谜语是我尚在"木人巷"②时修炼而得的，之后大部分

---

① 《卖桔者言》于1988年6月由四川人民出版社出版，作者是知名经济学家、香港大学教授张五常，这本书以形形色色的案例向读者展现了产权理论的核心概念和在当代的进展情况。
② 在不少武侠小说中，少林弟子练成浑身本事后，必须凭一身绝技打出"木人巷"，才有资格下山闯江湖。

已经还给了"师父",因为这次写作,得以温故而知新。这对读者有何意义?就像张无忌在学太极剑时,太师父张三丰所言:"招式要边学边忘掉。"原来"忘记"也是做学问的一部分。正是因为以前学过但又忘了,在下从清空了的"学问仓库"出发,期间迷途折返,最后才幸运地走到这里,写成了本书。衷心感激各路有心人尤其是重庆出版社的加持,这有助于去芜存菁。能沉淀下来的,都经历了"想读者之所想,困其所困,最后解其所要解"的过程。当然,"太师父"的武功博大精深,在下棱角未除,不足之处,敬请谅解,并予以指正为荷。

Superstar Economics

第一部分
诺贝尔奖与足球

第一部分将带大家欣赏由瑞典皇家科学院派出的"诺奖巨星队"[①],让大家一睹众星的风采。

一马当先打前锋的,是将英超喻为球坛之(硅)谷的保罗·克鲁格曼(2008年诺贝尔经济学奖得主),在球队买新秀时大喊"请亮牌"(Show me your money)、论美足是否"犯错"的理查德·塞勒,以及从心理战的角度出发描写高尔夫巨星泰格·伍兹"怕输"之态的丹尼尔·卡尼曼,而塞勒和卡尼曼更是近年席卷心理学、经济学、金融学的"行为科学"指挥官。

接棒的是两位"文人",分别是以足球暴动来写经济巨变下"文明的冲突"的大江健三郎(Kenzaburo Oe)和以无厘头手法

---

① 每年的六大诺贝尔奖项由五个机构颁发,这里为行文简便,统一归于负责颁发两项大奖的瑞典皇家科学院名下。

写"焦虑的守门员"的奥地利裔德语作家彼得·汉德克（Peter Handke）。后者从文学角度写守门员的博弈来结束其故事，并带出"诺奖巨星队"的一支"游戏人间"的分队。虽然说是"游戏"，却绝不是儿戏。其实这一派手握的是 2020 年诺贝尔经济学奖得主所研究的博弈论，瑞典皇家科学院向来对此派另眼相看，从电影《美丽心灵》（A Beautiful Mind）的原型、1994 年获奖的约翰·纳什算起，前后有超过 11 位与博弈论相关的经济学人获得诺贝尔经济学奖，都可以组成球队打世界杯了。

紧接着登场的，是获奖后第一时间回国观看足球赛事的印度裔经济学家阿比吉特·班纳吉（Abhijit Banerjee）和他的妻子埃斯特·迪弗洛（Esther Duflo），他们夫妇二人同在 2019 年获奖，两人以梅西等巨星不断飞涨的收入，帮我们引入了第二部分中巨星赢家通吃的新常态。

第一部分的"尾阵"，由两位元老级经济学大师和英国央行——英格兰银行前行长镇守，他们史无前例地安排大卫·贝克汉姆（David Beckham）与另一位诺贝尔奖得主米尔顿·弗里德曼（Milton Friedman）同台演出；并对"经济学帝国主义"狠狠地抽了一鞭，让大家反思为何在那么多经济学大师的指点下，人们仍然生活在金融风暴中。

好了，我马上带大家来看看这支前所未有、独一无二且从来没有官方宣传的"诺奖巨星队"。

英超是足坛"硅谷"

自 18 世纪英国学者亚当·斯密（Adam Smith）、大卫·李嘉图（David Ricardo）等古典经济学者的研究开始，国际贸易、各地竞争优势、全球化、分工外包和规模经济效应（economy of scale）等，一直是政治经济学、经济学、国际金融研究中的主要领域。想不到两三百年后，美国人保罗·克鲁格曼对此仍能有新的想法。克鲁格曼还凭借其对国际贸易的规模经济效应、产品差异化和垄断性竞争的研究，被誉为"新贸易经济学"和"新经济地理学"的代表，并在 2008 年获得诺贝尔经济学奖。

2018 年，在由克鲁格曼主笔的、已更新至第 11 版的《国际经济学：理论与政策》（International Economics: Theory and Policy）中，与规模经济效应、地理经济学相关的篇章里，克鲁格曼还以英超雄霸国际体坛并成为全球最受欢迎的足球乃至体育赛事这一现实中的大背景作为他的"主场",一显他的"脚法"。

一个美国的诺奖大师,不讲美式橄榄球和NBA,却跑来看英超,岂不怪哉?[①]

克鲁格曼独树一帜地对国际贸易的规模经济效应,尤其是地理上的一些条件和偶然因素,通过国际分工、交易竞争,制造出了一些独特的结果——一个个的产业集群(industrial clusters)。在其他专家的笔下,这些集群,远的有18世纪英国盛产餐具的谢菲尔德市(Sheffield)和盛产丝袜的北安普顿市(Northampton),近的有美国金融中心纽约和科创之都硅谷。然而,克鲁格曼别出心裁地认为英超的空前成功,有如科创业之于硅谷,也是一系列的经济因素和地理因素所致。英超之所以成功,并自1992年创立至今成为一场有高度保护壁垒、对外有强大扩张力的体坛(足坛)盛宴,主要是因为英超具有"外部规模经济效应"。

规模经济效应一般是指当某个产业越做越大的时候,由于投入和产出在变动中差分的变化,其产出的变化大于投入的变化,换句话说,越大越有效应——这与完全竞争状态下做得越多则平均效应越低刚好相反。"外部"规模经济效应,是说这个效应是以一个行业,甚至一个地区之内的整个产业链为单位,而不是以一家公司的规模大小而定的效应,后者被称为"内部规模经济效应"。

[①] 这里说的不是克鲁格曼1979、1980和1991年的三篇获奖作品,而是以英超举例(英超是在1992年才诞生的),说明克鲁格曼是借用英超来解释并演绎他的重要研究。

绝杀技：供应链和劳动力

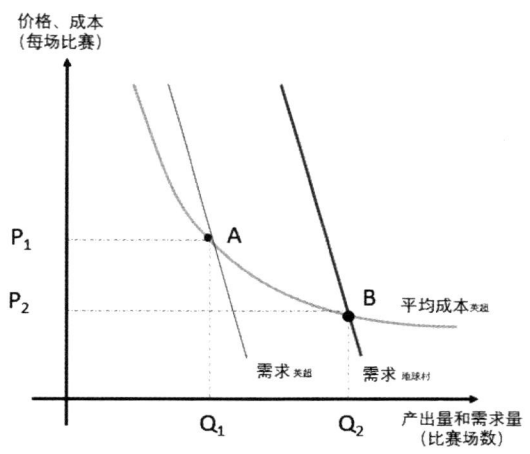

图 1 英超的外部规模经济效应图

说明：英超全球营销，产生外部规模经济效应，单位产出成本下降，很有竞争力（图中的价格 P 和数量 Q 皆为假设）。
来源：作者受克鲁格曼启发制图。

以英超作为"外部规模经济效应"的代表，是因为英超具备该效应三个条件中的两个：

第一，英超有专业化的供应链。正如硅谷聚集了各式各样、大大小小的高科技公司，有适用于整个生态的供应链，英超有源自 19 世纪 70 年代已经发展了百余年的英式足球传统，在当地的产业链上涉绅士、下及工农，北抵苏格兰高地、南达英吉利海峡，且分工极为精细，包括无孔不入的电台、电视台、报纸及杂志等媒体铺天盖地的评论和新闻记者的跟踪，足球训练学校和星探猎头公司不断地育星和炒作，各式各样的商业赞助和周边产品，还有专业而昂贵的法律顾问和师爷[①]，以及酒吧和投注站的推波助澜，这样的一套供应链，恰如其分地为英超打造了一个极高的竞争壁垒，其他地区的球坛难以模仿。

第二，英超有一个劳动力多元且集中的劳务市场。一如硅谷由于行业集中，不论高科技公司用人，还是高技术、高学历人才求职，都具有高度的弹性和优势。英超在这方面的优势亦不遑多让，球员是来自英伦三岛的精英。而且，英超自 1995 年以来就是来自欧洲大陆的足球掘金者最主要的目的地之一，现在更是南美、非洲和亚洲球星梦寐以求的英雄地。由于球赛的复杂性和场次的高频性，英超需要一支庞大而多元的军队，包括领队、教练、军医[②]、裁判、公关、解说员、摄影师、球童等，劳动力的需求和供应形成一个良性循环，广泛地吸纳周边乃至全球的劳动力。去英超踢球或捡球，成为全球街童的梦想。

---

① 师爷是中国香港地区一种默认的职业，指律师事务所里有相当年资但没有考取执业资格证的人。
② 即球队的队医，此处为香港和广州等地的说法。

英超的垄断性竞争

诺奖巨星保罗·克鲁格曼教授指出，英超建立起极为坚固的壁垒，是因为其具有侵略性的"外部规模经济效应"。然而英超的掠夺性，还有一点关于"知识外溢"的"小禁区"，也许是克鲁格曼教授未必能体会到的，这解释了他为何对第三个外部效应有所保留；另外，外部效应成气候之后，有些还会变成"垄断竞争"（monopolistic competition），成了在"不完全竞争市场"（imperfectly competitive market）上的一把锋利的刀，随时会割破挡车者单薄的手臂。

首先，要补充一下克鲁格曼教授不太肯定的一个外部效应，即"知识外溢"（knowledge spillovers）。当今的知识型社会中，一些商业模式、运营机制、工业制造流程等知识，可通过正式或非正式（但合法）的方式进行交流和传播，从而产生叠加效应。在硅谷，这些交流和传播出现在每一个角落的酒吧和咖啡厅，不分昼夜地流转和叠加，使硅谷人常处于产业之巅。

可能由于克鲁格曼教授不怎么踢球，所以他也只是从一个经济学大师的角度关心英超，他认为英超或足球产业根本没有什么专业或独有的知识产权，可以和硅谷内的企业所拥有的技术专利相比，所以没有视英超为具有第三个外部效应的例子。可是，英超的局内人，却很有可能认为他们的行当里有许多不足为外人道的专属知识，如各球队在每季甚至每周的"行军状况"（以前收集此类信息的人被叫作"探子"，现在被叫作"数据科学"专家），各俱乐部及经纪人之间买卖球员的讨价还价行为，赞助商的各种潜规则，操作媒体背后的炒作，近年来俱乐部股权的买卖，与当地足协（即行业的监管机构）的斗智角力等，均不是任何圈外人可随便进入的领域。

垄断性竞争的掠夺性

上文说明了英超具备营造外部效应的条件，那么，下一个问题是，这些效应发展下去会有什么结果？

从保罗·克鲁格曼的角度来看，地球村内的买卖，不一定要根据传统上的"竞争优势"（competitive advantage）——如天赋异禀或技术差异——的分布来发展，国际贸易也可以依从单位成本的不断下降（即收益的递增）而发展。在国与国或地区与地区之间，规模经济效应偶尔会造成分工聚集，从而形成一条具备专业化和垄断性竞争的路径。硅谷便是兼具竞争优势和外部规模经济效应的例子，但英超则可能是较为纯粹的由后者所撑起的经济集成地。

为什么这么说呢？因为英国足球天赋不足，技术较为粗糙，唯有别出心裁方可闯出一番天地。这样说也许有点突兀，克鲁格曼比较厚道，没有点破，"恶人"一角便由我来做。英国足球从天赋和技术层面所能体现的竞争优势并不明显，历史上只在1966年的世界杯上拿到过国际大奖，在欧洲杯上从未有什么成就。可以说，自1992年英超启航以来，英国本土的足球精英在国际球坛上未有太多建树，这直观反映出它的天赋和技术优势并不明显。

由于英超公司超前的商业模式，它借助外部规模经济效应，创造出另一番天地。足球产业符合形成"垄断竞争"这种行业生态的条件。在这种独特的生态环境中，行业内存在着一家家"公司"〔英超、西班牙足球甲级联赛（La Liga，简称"西甲"）、德国足球甲级联赛（Bundesliga，简称"德甲"）、巴西足球甲级联赛（Campeonato Brasileiro Série A，简称"巴甲"）……〕，各"公司"会出产一些有差异的产品，如英超的长传急攻、西甲的小组战术（Tiki-Taka）、德甲的机动化等。[①]

这些"公司"在自己的地盘上形成了一个小垄断，如果有外来的竞争者进入，长久而言，也许会将行业环境推至完全竞争、"微利"可图的境地，但由于地球村幅员辽阔，市场够大，所以这些小垄断可以在一个带有少许竞争却又似乎是垄断的环境之中游刃有余地成

[①] 当然，30年来英超也进步不少，不再是粗枝大叶的踢法；西甲也不是每个队都踢巴塞式的贴地传球。不过，总体而言，各地的球风不一样，各自传承了自己的道统，这是合情合理的。见Wilson（2008）。

长。当其规模大到一定程度,在国际交易中,一些"小公司",如香港超级足球联赛(简称"港超")、泰国足球甲级联赛(简称"泰甲")等,便很难与之竞争,哪怕这些"小公司"的本地成本在供应曲线上,每一层的出产单位都比"大公司"(如英超)低,但在今日这个历史节点,"大公司"的售价(P)却已比"小公司"的成本(C)更低(见图2),"小公司"在没有其他条件——如产业政策调整或突然涌现一批天才球员等的情况下,很难从中突围。

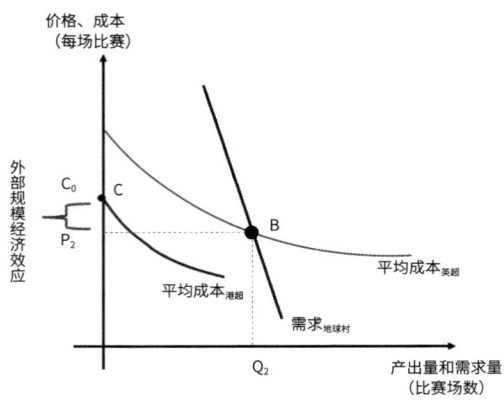

图 2 港超不敌英超

说明:港超的平均成本,在其供应曲线上的每一点都低于英超,本来可以做出点成绩,但由于英超的外部效应已经做成英超的卖价P_2,比港超只卖本地市场的高成本制作费C_0还要低,因此外部效应有一定的垄断性。
来源:作者制图。

"小公司"(如港超)只能局限在自己的本土市场打拼。可是,即使是本土市场,也仍然会有"大公司"以差异化的成本(有时高价、有时低价)掠夺性地进入,"小公司"便会受到逼迫!

富豪为何一掷千金？

近年来，投资在英超、西甲和中国足球协会超级联赛（简称"中超"）足球俱乐部的豪客，其出手越来越阔绰，而他们的行业背景也更加多样化，有地产行业的，有零售行业的，有神秘兮兮的赌业大亨，也有从事娱乐行业的高调商人。大家都知道投资足球俱乐部十有八九会以赔本收场，那为什么始终有商人前仆后继地投身怒海？

2017 年获诺贝尔经济学奖的理查德·塞勒曾就此撰文，给大家上了一门奇趣经济学课。[①] 这位被誉为"行为经济学之父"的鬼才大师，原来是美式橄榄球迷，竟然"跨界"在绿茵场上示范了一记理性与感性兼具的完美进球，为富豪们投资俱乐部的"错误"行为（misbehaving）进行大平反！他以球星买卖作为数据基础，把下文中行为经济学的五大核心——罗列出来，并以足球场上发生的

---

① 塞勒的这篇文章主要参考 Thaler (2015) 和 Massey & Thaler (2013) 的观点。

事例为据，逐点佐证：

（1）人们过于自信，会高估自己的"能力"；

（2）人们在预测将来的时候，太容易作出"极端值"的预测；

（3）"赢家的诅咒"——高价追货的结果往往是"执到喊三声"[①]；

（4）"共识的遐想"——误将自己所想、所爱或认为正确的对象，假想为世人皆心之所向的"价值"；

（5）对"即时（现在）"的偏好。

选秀名次有溢价

美式橄榄球俱乐部经常"不理性"地高价买球员，与NBA一样，美国职业橄榄球大联盟（National Football League，简称"NFL"）历来有个"选秀"（Drafting，即征招新兵）的机制，是俱乐部在赛季前招兵买马、张罗布阵的一等一的大事，有点像欧洲足球的转会窗。不说不知，由于独有的历史沿革，美式橄榄球选秀有几个条件是欧洲足球天生所没有的，其中最重要的是，美式橄榄球协会对各俱乐部的球员工资有个"硬预算"约束，即俱乐部支付工资时设有上限，俱乐部出资买卖球员和支付工资，不会因为某个石油大王头脑发热便随意拍板。而支付工资要在"硬预算"之内，买了球王A，就没有预算买球王B了。那为什么仍会出现天价买球员的

[①] "执到喊三声"是广东谚语，意思是"把东西抢到了反而要哭嚎，因为那是烫手的山芋"。

"不理性"行为呢？要解答这个问题，需从选秀机制入手。选秀时各球队按位置一轮一个球员地征召，总共 7 轮，每轮有 32 个选拔位置，根据各队上赛季的成绩按次序举牌竞购，即上赛季成绩差的俱乐部本赛季可优先征拔。所以，各轮中的举牌名次（如第 1 号、33 号、65 号……193 号），代表选秀权的优先次序，靠前的自然最值钱，因为持有该牌号的俱乐部有机会在各轮中首先觅得心头好。

多年下来的交易结果在市场上自然产生了一系列客观的数据，根据这些数据可以画出一条曲线，列出由第 1 名到第 224 名的选秀名次和每个选秀权的位置价值，于是俱乐部就可以按价买卖这些名次，而且，位置的交易还可以"跨届"。比如，A 俱乐部不急于在本届增补球员，它就可以把次序靠前的名次（如第 1 名）卖给此次选秀中觊觎靠前名次的 B 俱乐部，以换取 B 俱乐部在下一赛季或再下一赛季的选秀名次。

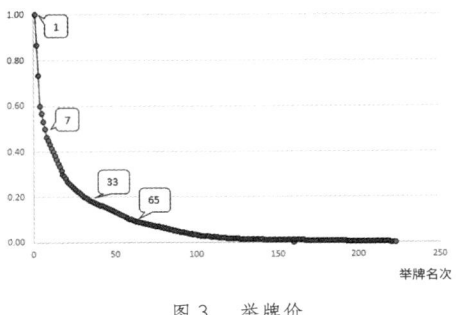

图 3　举牌价

说明：图中所示为相对价值，将第 1 名的举牌价值设为 1。
来源：作者综合网上数据后制图。

如图3所示，排第1名举牌的价值，是当赛季第7名的两倍、第33名的5倍，也就是说，如果B俱乐部想以手上当赛季第7名的名次，换取当赛季首名的举牌机会的话，就要付出双倍的价钱；另外，如果C俱乐部本来就有本届第65名的举牌名次，它可以换到D俱乐部下一赛季第33名的名次（图3不显示跨赛季价值比），而这两个名次在同赛季之间的价值，足足相差1倍，用金融术语来说，跨年的贴现率大约是136%，比地下钱庄的利息还高！换句话说，C俱乐部可以捡个大便宜，只要它能忍住，就能以现届名次较差的序号，换到来年名次大为优胜、价值连城的序号。

好戏来了，搞俱乐部的人都是做生意的，大家一定会问，这些"溢价"（当赛季先后序号之差价、跨赛季的贴现值），到底值不值得呢？

鬼才教授的答案是——绝对不值！

事实上，大部分美式橄榄球俱乐部往往愿意支付那些"溢价"，不惜以高价争夺当届选秀权，最终"埋单"时要以天价才能抢到球员，这是明智的抉择吗？接下来，我们继续看看鬼才教授怎么说。

以天价买球员有错吗？

汤姆·克鲁斯（Tom Cruise）主演的电影《甜心先生》（Jerry Maguire）讲述了一位美式橄榄球运动员职业生涯中的故事，其中的一句经典对白是"请亮牌"。这与鬼才教授理查德·塞勒眼中的橄榄球俱乐部买卖新秀的行为可谓异曲同工，都点出了做生意的逻辑不一定遵从传统经济学"理性人"的假设，即假设人十分清楚自己的爱好和优先次序，不会前后矛盾，也不会出现不理性的行为。天价买球员，也许不合乎"市场"逻辑，却是俱乐部和老板乐此不疲的常规动作，更是在行为经济学视角下合理的投资行为。

赢家的诅咒

塞勒的研究团队追踪了研究样本内所有被选上的新秀球员，

根据每个新秀的出场次数和表现数据，给他们每人匹配了一个表现指数（如出场次数、步速进球、每场跑动距离等）相同但可自由转会的现役球员，并以这些自由雇佣兵的市值，代表那些征招来的新兵（draft）的市值。用这个市值减去征招新兵的真正工资成本后，得出的就是征招新兵对俱乐部的"剩余价值"（surplus value）。剩余价值越高，代表俱乐部买得越便宜；反之，剩余价值越低，交易越不划算。

塞勒研究后发现，每一个由前列的选秀权名次（第1名至第32名）所买入的球员，对俱乐部所贡献的剩余价值，都不如紧接其选秀序号后所征招的新兵。这就是说，第1名的剩余价值不如第2名的，第2名的剩余价值又不如第3名的……以此类推，到第32名为止；前列中序号越靠后的球员，其剩余价值越高。

换句话说，花钱买的选秀举牌序号越靠前，俱乐部亏得越多，这种情况正是上文提及的行为经济学的核心："（1）人们过于自信，高估自己'独具慧眼'的能力"，以及"（2）球探在预测新秀的能力时，太容易作出'极端值'的预测"。俱乐部争得头破血流，用高价选秀权所抢到手的球员，往往是性价比低的"次货"，是"（3）赢家的诅咒（即高价追货的结果往往是'执到喊三声'）"的例证。而这个现象，年复一年，长期如此，便体现了"（4）'共识的遐想'，即误将自己所想、所爱或认为正确的对象假想为世人皆心之所向的'价值'"。至于俱乐部选秀中的"即时满足感"（instant gratification，即今日的满足感不合比例地大于明日的满足感），便符合了行为经济学的核心"（5）对'即时（现在）'的偏好"。

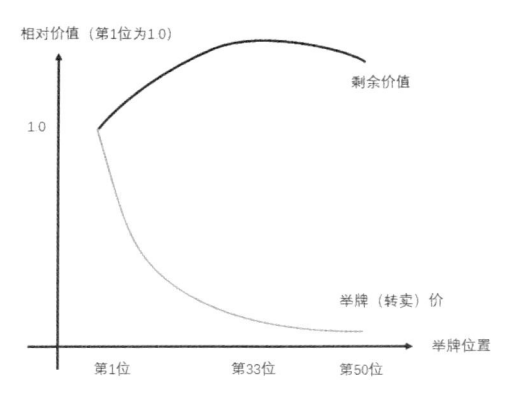

图 4　举牌（转卖）价 VS 剩余价值

来源：数据来自 Massey & Thaler（2013），经作者简化后制图。

由此引申，学者尤金·法马[①]所谓"有效市场假说"——交易价格已经反映了所有能赚钱的信息，市场不应长期存在一些未被"榨干"的赚钱机会——似乎站不住脚。塞勒为此曾"三顾茅庐"，三次跑到不同的俱乐部向主席展示其电子表格，把分析结果无私地分享给俱乐部。你猜他得到了怎样的下场？他碰了三次钉子！三支球队表面上都兴致勃勃，回过头来却都没有下文，有的还反其道而行之。塞勒自嘲地说："我们向俱乐部老板、数据分析师和财务总监，把'高卖低买，忍时出手'倾囊相授，可是，半年后在电视新闻中，

---

① 尤金·法马（Eugene Fama），2013 年诺贝尔经济学奖得主，也是塞勒的老对手。

我看愣了，他们所做的，偏偏跟我们说的相反！"

理与情的结合

这个结果出乎意料，却也合乎情理。

经营俱乐部的老板和他们所雇用的职业经纪人都是聪明人，他们肯定是做生意的高手，不然哪有钱玩"职业足球"这个昂贵的游戏？那么，为什么塞勒的法则明明白白地摆在眼前，却没有被这些聪明人所用呢？算式是没有错的，难道错的是人？

答案可能有点吊诡：古典经济学中的"理性人"不是做生意的唯一标准。经营俱乐部、买卖球员，其实和做其他生意、投资股票一样，不完全是以狭义的理性来推动的，理性以外，还有许多因素。因为老板自己的经历和沉淀，作出决定时自然会有一些不自觉的、下意识的偏好和喜恶；在下注时会对各种可能性的分布有一个潜意识的、主观的假设；对时光隧道（昨天、今日、未来）里的同一件事、同一个结果，可能会给予不同的价值和风险评估。现实是，没有一支球队会按完美"理性人"的标准进行决策，人们的决策中，充斥着古典经济学中的"'错误'的行为"。但是，为什么称其为"错误"呢？塞勒想道出的深一层意思是，经济与社会上的各种行为和决策，不尽"完美"，其实每个人都有自己的偏好、焦点及痛点。今日的我，就不一定服从于昨天的我，更何况是明天的我呢？是不是"错误"，得看你是从想象世界出发，还是从现实世界出发。

正如《甜心先生》结局中的名句"You had me at'Hello'"（你说"你好吗"时我已经沦陷了）所说，女主角的抉择看似简单，却也是相当复杂的。现实世界充满了"看似错误的决定"，任诺奖经济学大师如何教化都改变不了。天价买新秀不一定是错的。"错误"如果是永恒的，那错误还会是错误吗？

选秀日的行为经济学

诺贝尔经济学奖得主理查德·塞勒在解构行为科学时，是以NFL老板的"不"理性行为作为样本的。由奥斯卡金像奖得主、巨星凯文·科斯特纳（Kevin Costner）主演的电影《选秀日》（*Draft Day*）的编剧们很可能是读了塞勒的作品后，才动笔写剧本的。

《选秀日》的故事虽然是虚构的，但其镜头却捕捉了NFL的内部运作，其中选秀大会舞台背后的那间"绿屋"（green room）——让新秀们提心吊胆地等候选拔结果的休息室，很有真实感。电影用多台摄影机现场记录了每位新秀的每一个兴奋或绝望的反应，让人感到既过瘾又残忍！

电影的激情与现实的冰冷

其实，与电影情节不同，现实世界里的商业计算是冰冷和无声的。为选秀会做准备是一个艰苦而平静的过程,各俱乐部得花费数百万美元和数百小时的时间,预先挑选7—10位新秀(大学毕业生)。球探们和经理们会在全美范围内搜寻大半年,经过反复计算,仔细地构建出一张"板报"(the board),这也将是指导为期3天的选秀日的决策性蓝图。

电影要超现实,富有戏剧性,所以,在故事的开端,科斯特纳直到选秀当日的早上才从另一个球员打来的电话中得知,他心仪的选手可能有性格缺陷。这毕竟是电影,现实世界中的商业战场、球场都如棋局,充满尔虞我诈,怎么可能靠一个临时电话改变一场千万美元级别的投资决策呢?

即时满足感压倒一切

电影与本部分内容最有共鸣的地方,是它反复说明球队经理为了满足"即时满足感"(即为了求得炙手可热的新秀),往往会押上俱乐部未来几年的选秀权,这也是行为科学对有主见或偏见的理性人的一个重要认知。

电影总是喜欢描述主角灵光乍现的情景,主角作出了貌似聪明实为冲动的决定,这意味着其过去那几个月的准备和烧脑的分析工作都是白费心机。其实,没有什么比一个爱冲动的总经理更会让运动科学家、分析师和CFO泄气的了。不过,老板、总经理或上司凭直觉拍板、不顾事先所作决策的情况,在各行各业都经常出现,这是常态，我们不是这些人肚里的蛔虫，很难判断其拍板的缘由。

与同样以体育为主题的电影《点球成金》（Moneyball）一样，本片也为科斯特纳这个球队总经理配了个搞笑的实习生。不同的是，《点球成金》中布拉德·皮特（Brad Pitt）扮演的主角雇的是一个耶鲁大学经济系的重量级高材生，而科斯特纳在《选秀日》中找来的则是一个笨手笨脚的、轻量级的"四眼"小角色，有网友认为这太离谱了，每年花几千万美元选人的团队，其领队怎会找一个连接电话都手忙脚乱的书呆子？不过，这也许是电影中皮特的运气比较好。现实中，在这等二、三流球队里负责接电话的小人物，也不太可能懂统计学或微积分吧！

俱乐部领队之间的明枪暗箭和彼此恐吓的场面，在急速切换的镜头之下，为电影注入不少刺激元素。现实中的这个过程里也确有很多类似"火星撞地球"的情况发生，如英超当年的若泽·穆里尼奥（Jose Mourinho）和阿尔塞纳·温格（Arsène Wênger）、今日的何塞普·瓜迪奥拉（Josep Guardiola）和尤尔根·克洛普（Jürgen Klopp）等，都是比电影内容更精彩的例子。比起前文中的《甜心先生》，论斗智斗勇和交易结构的复杂程度，《选秀日》应该更能令爱好这类电影的观众获得满足。

职业经纪人的短视行为

巨星需要伯乐，但伯乐更需要巨星。无论是在获得诺贝尔奖的经济学大师理查德·塞勒的笔下，还是在电影《选秀日》中饰演球队经理的凯文·科斯特纳身上，我们都能看到经纪人因为业绩的压力追求短期特效药的行为。

三吃闭门羹

塞勒以美式橄榄球的数据为研究基础，发现俱乐部高价买新秀是赢家的诅咒。他拿着数据拜访俱乐部，然而"三顾茅庐"的结果是三吃闭门羹。事后，塞勒检测自己的模型，肯定了这些数据没有错，再回顾他所见到的经纪人，也可以确定他们都是杰出的行业老手，那为什么他们没有理会获诺贝尔奖的经济学大师的建议呢？几番旁敲侧击，塞勒终于明白，原来经纪人之所以不理会他，是因为他们知道，老板更在乎球星的流量价值，以及球星的粉丝效应。而且老板们可能会讨厌"以数据说话"，因为一旦相信这种貌似科学的数据，也就意味着老板们没办法"拍脑袋"作出决策了。团队成员担心被炒鱿鱼，宁愿花高价抢人，就像上市公司的CEO们，为了并购、壮大公司，几乎不计后果！

电影《选秀日》的编剧似乎熟读过塞勒的作品。电影中，作为总经理的科斯特纳在开局时早早就表明自己的心头好是个实而不华的球员。可是在上班的路上，他却被一个电话扰乱了思绪。某个同行手持可以抢先买入"新秀标王"的第一位次，这个黄金位次非常值钱，但迫于老板的压力要套现，于是想把科斯特纳拉进这笔交易中来。

科斯特纳忽然明白，只要花钱就可以买到这个黄金位次，标王也就唾手可得，而自己的老板又爱出风头，于是他动心了，同意了这宗交易，放弃自己原先的心头好，把己队当年首轮第7位次的选秀权和未来两年同样处于第一轮位次的选秀权（共计三年的首轮选秀权），统统卖给该同行的俱乐部，以换取本年的第一顺位，一举夺得标王。

奇迹出现

电影情节此时峰回路转，科斯特纳发现标王很可能有性格缺陷，但已答应交易，无法反悔。到了晚会时，科斯特纳凭借直觉，咬牙放弃了那个疑似有性格缺陷的标王，改投自己一早就心仪的新秀——这绝对是一个可以让他事后被"炒鱿鱼"的"自杀"行为。

奇迹却出现了，依次排在第二至第五顺位的球队，都因内部原因没有选上标王，这就给了科斯特纳机会，使其能向手握第六顺位的俱乐部的新任总经理下手。科斯特纳以未来三年的第二轮选秀权为筹码，与这位初出茅庐的总经理进行了交易，令他拿到了第六顺位这个可以马上买入新球员的有利位置。

但这恰恰是"醉翁之意不在酒"，科斯特纳随即与先前威逼利诱他购买标王的同行再次进行了交易。这次科斯特纳反客为主，在以第六顺位与该同行的第七顺位进行交换的同时，要求把自己之前卖出去的、未来两年第一轮的选秀权一并交换回来，还附带拿下了该同行所在的俱乐部麾下的另一员猛将。

这样一来，科斯特纳在这个回合的选秀战中，于第一、第六和第七三个顺位上都买到了称心如意的球员，并保住了未来两年第一轮的选秀权，他失去的只是未来三年的第二轮选秀权。

电影拍得很精彩，但这些位次交易翻来覆去，加上快速切换的镜头和咄咄逼人的语速，使得这部电影没有《甜心先生》那样浪漫和感人，感染力也稍为逊色。其实，贯穿这部电影的线索就是资方股东和职业经纪人要想尽办法令各方获得即时满足感。其中，职业经纪人更难实现这一目标，因为他要与时间竞赛。科斯特纳所扮演的角色在影片结尾处对女朋友大吐苦水:"……我随时会被炒鱿鱼!"所以,高价摘星符合人性、理性,也符合天性。

现在,大家该明白资本市场上"独角兽"公司的天价是怎样被倒逼出来的了吧。

怕输才会赢

输球，当然痛；怕输，却会埋下胜利的种子，如果你有超常的发挥，甚至可以赢得诺贝尔奖章！

如果你看过好莱坞一部以棒球为主题的、由男星布拉德·皮特主演的电影《点球成金》，以及讲述2008年金融危机的电影《大空头》（The Big Short），我相信你对这两部电影的原著作者迈克尔·刘易斯（Michael Lewis）一定不会感到陌生。刘易斯擅长将金融逸事写得精彩而富有寓意，他的偏锋之作《思维的发现》（The Undoing Project），其主角之一把"怕输"（loss aversion，或译为"损失规避"）这一心理状态，以有趣而有料的方式呈现出来，而"怕输心理学"理论的主要研究者就是赢得2002年诺贝尔经济学奖的心理学家丹尼尔·卡尼曼。

卡尼曼的"怕输心理学"，其实是近几年大行其道的"行为经济学"的基础元素，也是"前景理论"中最核心的部分。提起行为经济学，除了理查德·塞勒，卡尼曼的地位可能更为重要。卡尼曼比塞勒出道早一点，他和才华横溢却英年早逝的阿莫斯·特沃斯基（Amos Tversky）在1979年用符号和密码写了一份手稿，这部手稿启发了塞勒。塞勒回忆说，他看到这部尚有原始字迹的手稿时，就像挖到了金矿！这改变了塞勒的一生，也改变了整个经济学界——从此，人们对理性和抉择有了不一样的理解，当然，这也奠定了卡尼曼在经济学界的殿堂级地位。

"老虎"[①]的恐惧

卡尼曼和他的学生们[②]，以高尔夫赛事果岭[③]上推杆入洞的最后一击作出说明：强如天下第一的泰格·伍兹，也会因为怕输而放弃机会，并在其将输未输之际，因其"铆足干劲"，最后反而"安全过关"。在卡尼曼的计算中，伍兹怕输，不仅为其稳住了一哥地位，更是为其保住过千万美元的收入，球赛第二名的年收入较伍兹少了100万美元（或9%），而排名第三的吉姆·福瑞克（Jim

---

① 泰格·伍兹的英文Tiger Woods中含"tiger"（老虎）一词，所以人们有时会称其为"老虎"，下文中"老虎"的"虎"皆指泰格·伍兹。
② 关于高尔夫球手的怕输行为，卡尼曼虽有概括性的描述，但对于这个主题的实证研究工作，应该是由他任教过的加利福尼亚大学伯克利分校（University of California, Berkeley）的学生所做。这里为行文简便，统统归到卡尼曼名下。本篇文章和下一篇文章主要参考资料有：Kahneman (2011)、Kahneman & Tversky (1979)、Lewis (2016)、Pope & Schweitzer (2011) 和 Thaler (2015)。
③ 果岭，高尔夫球运动术语，指球洞所在的草坪。

Furyk），其收入更是较之少了 37%！

美国职业高尔夫球协会巡回赛（PGA Tour，简称"美巡赛"）的每个赛季都把赛事集中到几个地方，以集中对赛的方式，一轮一轮淘汰选手，最后的胜者为王。在每一轮的对赛周中，球手在 72 洞（共计 4 局，各有 18 洞）的比赛里，由第一次挥杆发球开始起计，务求以最少的挥杆次数来赢得该轮比赛，也就是说，单一局或单一洞杆次的多少，并不能决定最后的结果。

心理压力最大的情况，自然是出现在高尔夫球已经落在果岭上插着旗杆的球洞旁边，球手准备最后一击的时候。此时，我们可以清楚地看到，球员由于"怕输"心理作祟，其打法和成绩与平时有显著的区别。

高尔夫球已经落在果岭上，球手知道如果下一杆推杆成功，单洞的成绩将能达到以下其中之一（见图 5）：老鹰球（eagle），比标准杆少两杆，表示单洞成绩很好；小鸟球（birdie），比标准杆少一杆；标准杆（par），是高尔夫球手正常的杆次；超一杆（bogey），比标准杆多一杆；超两杆（double bogey），比标准杆多两杆，即成绩很糟糕。[1]

---

[1] Bogey 的另一个意思是"令人恐惧的东西"。

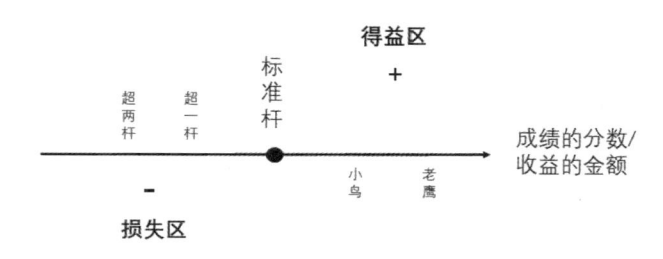

图 5　高尔夫球成绩（损失区至得益区）

来源：作者制图。

研究发现，标准杆有股奇怪的魔力，它便是行为学家所说的"参照点"（reference point）。高尔夫球手在点上和点下的打法会有所不同，标准杆是行为的转折点。所谓标准杆，是指赛会参考历史数据，判断某一个洞职业球员会打出的杆数，这通常是个"不错但不是最好"的平均值。所以，标准杆就是球手对杆数的"心理价位"，球手依此来计算每一杆、每一个决定的收益（gain）和损失（loss）。一般情况下，球手当然希望每个洞的杆数越少越好，所以他们都会争取在每一个洞都能打出标准杆以下的小鸟球或老鹰球，避免超一杆和超两杆。① 接下来，我们看看成绩处于损失区时，怕输心态是如何影响高尔夫球手的行为的。

---

① 这个参照点，也就是行为经济学与标准经济学之间最重要的一个分歧。标准经济学假定我们衡量得失时会以"最终的整体财富"为标准，且有时序上固定的优先次序。

高尔夫球手的快思与慢想

"美巡赛"对赛周的奖金收入以百万美元计,一众顶级和经验老到的高尔夫球手在激烈的竞争中,不太可能会随意挥杆。然而,丹尼尔·卡尼曼告诉我们,强如泰格·伍兹的球手挥杆往往会偏离正轨,球手挥杆一刻的快思(系统1)是自然反应和专家直觉,与深思熟虑下的慢想(系统2),有时虽可互补长短,但更多时候却是火星撞地球,快思会打败慢想。

卡尼曼从239场对赛周比赛里研究了2500万次推杆,以高精准度的镭射枪记录了高尔夫球在果岭上的轨迹。数据采集了5年内421个职业高尔夫球手每人最少1000次的推杆。这项研究发现,职业高尔夫球手出奇地看重"标准杆"这个"参照点",正如专业的股票投资者也会被买入价(历史成本)影响投资决策一样。包括伍兹在内的专业高尔夫球手,在标准杆以下推最后一杆时(抓住老鹰球或小鸟球），往往会大意失荆州。相反，他们在打出平标准杆，甚至是在打超一杆或超两杆时，似乎更能使出浑身解数，化险为夷，从而减少损失。我们根据统计学得出结论：由于怕输的心理，球手在平标准杆区推出的杆，其成功进洞的机会要比在得益区推出的杆高2%至4%。[①]

为什么会出现这么奇怪的情况呢？高尔夫球对赛周的奖杯和奖金是计算总成绩的，这与传统经济学中的效用函数、强调"最终财富状况"（final wealth state）的说法，是相当一致的。理论上，如果以总成绩定输赢，每一杆的准绳度应该不会有显著的差异。奈何现实中，职业球手偏偏是被快思所主导，每一个洞都以标准杆来计算得失；输赢的心理价位是标准杆而不是总积分，这样便会出现选手在达标之后放慢手脚，在达标之前却会使尽浑身解数的情况，他们在比赛中有一些球打得特别给力，而有些球则打得特别随意。

另一个有趣的现象是，怕输的心理，并不局限在落后的情况下，处于得益区时也会出现。球手在"抓"老鹰球或小鸟球时，因为怕输，其挥杆会变得保守，打出的力量偏小。也就是说，职业高尔夫球手们倾向弃"小鸟"、保标杆、避超杆。排除所有干扰因素（如距离、难度等）之后，这2500万个挥杆的结果告诉我们，职业高尔夫球手似乎都有个心魔，那就是标准杆，他们不是以总成绩来驱动每一杆的发挥。他们对得与失的计较并不均衡，而把损失看得比

---

① 数据来自 Pope & Schweitzer (2011)。

得益重要，所以在这条曲线上，这个转折点左失右得的两边，其形态是不一样的。球手害怕损失的动力，大于追求得益的动力。换句话说，他们避凶的动力大于趋吉，以致踏入得益区之后，球员会放松、保守和规避风险；但当失败迫在眉睫时，他们倒愿意孤注一掷，倾向于提高注码，并会变得愿意冒险。因此，曲线在左下方的损失区中呈凹状，而在右上方的得益区中呈凸状，整体则是一个S型（见图6）。

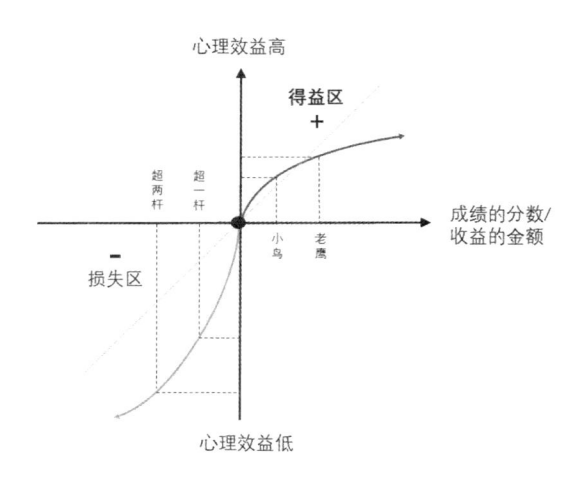

图 6　S型的心理效益凌驾成绩分数

来源：作者参考 Pope and Schweitzer（2011）制图。

"系统1"快思如何打败"系统2"慢想

三项世界纪录保持者、"飞人"尤塞恩·博尔特（Usain Bolt），在 2008 年北京奥运会的男子 100 米决赛中，以破纪录的 9.69 秒的成绩一鸣惊人。最令人惊愕的是，他在最后 10 米便放慢了脚步，开始庆祝。博尔特在之后的比赛中也有这种在赛程的后段减速的行为。他多次在访问中承认，自己慢下来是为了保存体力。[①]博尔特心中也许有个参照点——赢。达到这个点了，他就会感到满足和放松，其志不在打破赛跑的时间纪录。

1999 年欧冠决战之役，英超曼彻斯特联足球俱乐部（Manchester United F.C.，简称"曼联"）对阵德国拜仁慕尼黑足球俱乐部（FC Bayern Munich，简称"拜仁慕尼黑"）。这一战曼联很早便大意失守了，以致 90 分钟时仍落后 1 球。进入加时赛阶段 91 分钟时，曼联队贾其余勇，冒险进攻，更是以守门员作为先锋。领先的德国队这时因怕输而全军退守，曼联获得角球，由"万人迷"贝克汉姆开出，人马杂沓之中，曼联守门员彼得·舒梅切尔（Peter Schmeichel）飞身冲顶，把足球撞得失去方向，最后曼联候补前锋泰迪·谢林汉姆（Teddy Sheringham）在混乱中扫球入网，追成平手。而更奇妙的是，曼联这股不服输的心理，没有因为将比分扳成平手而消退，92 分钟时，德国人延续怕输的心理，患得患失之下，再度被打开一个缺口，曼联娃面杀手奥勒·居纳尔·索尔斯克亚（Ole Gunner Solskjaer）于

---

① 博尔特在最后关头到底是主动减速还是被动减速，是相对慢下来，还是其实没有慢下来，都是一些体育科学家至今仍在争论的话题，客观的科学现象不在我们讨论的范围之内，我们只是借用卡尼曼的观点来讲快思慢想的现象。

球门前中心地带,最终"一剑封喉"。①

规避损失的心理,对领先者和落后方来说,有着截然不同的动力。卡尼曼的心理学改变了人们对理性的想法,他提出"系统1"中的快思会打败"系统2"中的慢想,这也一言惊醒了我们——我们曾见证博尔特屡创奇迹,却不明白他为何一直都似未尽全力;我们也曾目睹曼联册封三冠之王,却奇怪为何曼联总是能置之死地而后生……原来,一切皆因怕输。

---

① 博尔特和曼联的案例,是我们在后视偏差(Hindsight Bias)的影响下倒叙出来的,不算作在"证明"和"确认"怕输心理和前景理论,因为这种叙事方式受制于巧合和各种偏见。

万延足球里"文明的冲突"

日文小说《万延元年的足球》[①]（万延元年のフットボール）写于 1967 年，被认为是 1994 年诺贝尔文学奖得主大江健三郎的巅峰作品之一。书中的故事波澜壮阔，高潮迭起，描写了日本由封建的万延年间（19 世纪 60 年代），经明治维新，至二战后经济起飞中发生的社会大转型，以及日本文明如何同化和抵销美式资本主义侵袭的故事，宛如一部史诗式的奇情电影。

日本经济大转型下的足球暴动

大江健三郎的文学地位已被公众认可，在这里，我们将以故事中丰富的经济元素，一窥大师笔下的日本文明，如何面对经济转型

[①] 此书的英文版名为 *Silent Cry*（1988），中文版名为《万延元年的足球》。

（economic transformation）的冲击。

以"文明的冲突"视角审视经济转型所引起的深层矛盾，这个观点在冷战过早地被宣布结束、世界一度被认为是平坦的之后，由美国政治学大师塞缪尔·亨廷顿（Samuel Huntington）在1997年提出，曾一石击起千层浪。日本文明在比较政治经济学中被视为特定的、与其他文明不同的文明体系[1]，虽然它早年师承中国汉唐文化，但历经演变，已独立发展成一套与之似近又远的体系。检视大江健三郎笔下日本一百多年来的三轮"暴动"[2]，似乎印证了转型之中以文明为界线的冲突。

大江健三郎笔下有三场主要冲突。1860年的第一轮"暴动"，是主角"阿蜜"的曾祖父及其胞弟（即主角的曾叔祖父）作为藩府富户由始至终在掌握和摆布的计谋，却成为阿蜜家的百年"耻辱"；而1945年的第二轮冲突，是原住民（包括阿蜜的二哥、惨死的"S哥"）和外来奴工之间势均力敌的对抗；1960年的第三轮暴动，则是迷失的一代以卵击石之举，他们走上了挑战美式资本主义不成而自取灭亡的路——这些有勇无谋的青年团伙先发制人，以为占得了先机，最后却在对手的老谋深算下土崩瓦解，他们本梦想了结家族的"耻辱"，其实却误会了历史的"真相"，让这轮暴动的结局

---

[1] 罗恩·彻诺（Ron Chernow）在其著作《摩根财团》（*The House of Morgan*）中指出，日本的封建制度，当时就被指与平衡时空中的中世纪的英式封建体系非常相似（且英国与日本同样是岛国），以至有"日本是亚洲的英国"之说。见 Huntington (1997), Macfarlane (2018)。

[2] 引文除特别说明外，主要来自中文版《万延元年的足球》，部分来自英文版 *Silent Cry*。"暴动"一词在英文版中的翻译是 riots（20次）、risings（132次）和 uprisings（1次）。

显得悲怆枉然。

发生在现代的暴动，是由阿蜜的四弟"鹰四"所策动的，这支足球队以遵循"不要喝（酒）"这个教诲作为正义之师。鹰四之举，是一记反经济大势和违背法纪的暴力之击。导火索虽是连锁超市逼迫乡村小店，但其背后所折射的却是大时代中的经济转型。日本在二战后的经济起飞，以今日的话来说，就是在全球化背景下，外来的美式资本主义和新兴商业模式侵略者，颠覆了日本原有的生态平衡，即是塞缪尔·亨廷顿所指的发生在山谷和穷巷里的"文明的冲突"。

鹰四所组织的团伙，也就是那些第二代、第三代的原住民，他们已经被弱化和边缘化，成为落魄的一代。他们所要挑战的，是出身寒微、背井离乡、几十年来一直以不畏艰苦的精神向上打拼的朝鲜后裔。这群来自韩国的外国劳动力[①]在二战后成为资本家，他们的首领就是超市连锁店的老板，人称"超市天皇"。这个在最后的第13章中才现身的白升基（下称"超市白"），20年前不过是一个来自韩国的搬木工，其实在第1章里，阿蜜与友人的书信中，他就出现过了，还与鹰四在纽约见过面，当时文中就已埋下鹰四要回山谷与"超市白"恶斗的引子。

大江健三郎讲故事善运伏笔，一伏就是首尾之遥！

---

① 主要指来自中国台湾地区和韩国的外国劳动力，其中留居日本的大约有100万人，相对于日本当时4000万的人口，约占2%，数据来自Vogel（2019）。基于此，大江健三郎的故事将这一小撮人作为冲突的一方，这很有意思。

山谷足球队掀起的经济战争

大江健三郎 32 岁时完成的《万延元年的足球》,活像一出和风极浓、峰回路转的奇情电影,其最后悲怆枉然的结局,源自一场由"超市白"的经济五宗罪引发的"经济战争"!

"超市白"的经济五宗罪

第一,投身房地产。当年的日本,如同"亚洲四小龙"和中国内地一样,要"出圈发围①"就要投身土地开发。"超市白"多年来把山谷中的土地从原住民手里买过来,原住民自觉对当年曾奴役过的韩国"奴工"抱有歉意,于是把部分土地半卖半送地转让给他们,后来则是因为原住民自己的业务无以为继,不得不卖地求生。

---

① "发围"为粤语方言,指的是有所发展、有所作为。

而"超市白"又是韩国人之中较有生意头脑的,他从同乡手中兼并土地,逐渐成为大土豪,因此得到了"天皇"这个有"恶意"的外号。

第二,以掠夺性的商业模式把传统的小商店挤至破产。"超市白"从美国学会了连锁经营,大搞噱头,比如凭旧发票买新货有折扣;在冬日标榜"全店供暖",卖"山谷人绝对买不起的"、由北欧进口的暖炉,令山谷人在冬日感到了暖意,却在不知不觉中被洗了脑,从而摒弃了当地传统的夫妻店。没有超市,山谷里的老百姓似乎连家门都出不了。

第三,玩财技。"超市白"借钱给山谷里的青年,让他们成为养鸡户(供货商),向超市供应鸡蛋和鸡肉。这些原住民二代青年借得资本,反过来还要向"超市白"租场地、买饲料,但要自己承担饲养的风险。故事中,鸡因瘟疫死掉,物流又因交通事故停滞,手忙脚乱的青年们无法套现和还钱,走投无路之下,才借鹰四组织足球队的名义搞起了暴动。

第四,弃传统。超市在过年时贩卖工厂制造的年糕,让日本的一门传统手艺丢失了;超市还在售卖的饺子的肉馅中掺入代表朝鲜特色饮食文化的大蒜,令山谷人忘记了自己的饮食传统里本来没有大蒜味的饺子;超市里展示的衣服色彩鲜艳,一改山谷人像"沙丁鱼般灰黑色"的服饰传统;最后,超市还引入了电视机,大肆贩卖都市化娱乐。而电视机后来也成为村民暴动时洗劫的目标。

第五,谋利逃税。山谷中的老百姓一边投诉超市里的东西劣质,一边组织抢劫超市，之后，曾在超市当会计的"女孩子们"，为了使暴动合理化，主动披露超市以劣货赚取利润这一内幕；一个二战时期就来到山谷中教日本历史的老师拿出几页账簿，揭发超市有两本账簿。而足球队的一个小头目，对能够安排这个揭发黑材料的场面，表现出了"饰演的愤怒"和"得意的微笑"。

输家的反抗

小说中的这场足球暴动，就是超市在大年初四进行促销活动时，由鹰四的足球队煽动百姓对超市进行的一次洗劫抢掠。与前两轮暴动不同，这次暴动虽然也有深层文明冲突的意味，但也可以简单地称之为一场打劫，是一次由一帮不善经营还"磨磨蹭蹭"的青年人，与那名内心纠结的暴力男子（即鹰四）合谋的抢劫。

暴动开始时，他们得到了阿蜜的妻子菜采子和山谷寺院住持的支持。菜采子对鹰四流露出倾慕之情，埋下了日后叔嫂通奸的伏线。而住持作为"善良的知识派"人士，居然也将暴动形容为一件"令人高兴的、有意思的事"。就像江东父老希望自己那些"过去只盯着眼前的无聊琐事"的子侄有朝一日能出人头地一样，住持对暴动者报以同情的眼光，并"亢奋激动"地认为足球队所代表的，是日本整个社会的基层对现代超市的反抗力量，这只是第一枪，之后日本全国百姓势必同仇敌忾，让新经济模式的侵略性"弊病"，以及"走到头"的日本经济的真相都大白于天下。

书中的阿蜜从第一人称"我"[①]的视角出发,对这一切冷眼旁观。"我"认为,这场"大规模的盗窃"(日文原文是"大規模な窃盗事件"),只是一小撮人在小范围内搞的事,鹰四没有策动大型变革的能力,而且混乱和自私的心理从中作祟,驱使他戮力推动这场暴动。在这种目的不纯且自相矛盾的动力下,"我"感到悲哀和沮丧:第一,"我"不同意住持的逻辑,"我"认为山谷人没有对抗大趋势的能力和必要,他们所做的只能算是在别人毫无防备时搞突袭,集体起哄,达到连他们自己都未能想好的目的,同情他们,只是这些貌似善良实则自私且厚颜无耻的人在利用年轻人对社会进行报复;第二,"我"悲伤,是因为两三天内骚乱就会平息,鹰四会有一个凄惨的结局,而山谷原住民也将尝到疚悔的滋味。的确,暴动只发酵了一个下午,第二天就无声无息了。

书的结尾处,大江健三郎没有让老谋深算的"超市白"报警,只让他放了个风,一边说既往不咎,另一边又说自己会带私人部队来,这可能比去找不作为的政府更有震慑作用。山谷原住民和青年们自知理亏,很快便作鸟兽散。鹰四很快便知道大势已去,向阿蜜说出了他多年前曾与亲妹妹乱伦、导致她怀孕和自杀的真相,以及他曾在美国召了一个年纪与他的母亲相仿的黑人妓女,并在邋遢的巷子中染上性病的经历。在发生暴动的第二天半夜,鹰四坚持说,

---

[①] 大江健三郎在《"我"的小说家修炼法》中这样形容他自己和小说中的"我"的关系:"《万延元年的足球》的叙述者'BOKU(我)'是可以作为第三人称处理的根所蜜三郎……这个'我'和创作小说时的我非常接近……毫无疑问,叙述的主格是小说家本人……"。

一名在车祸中意外死掉的性感少女,其实是被他强奸未遂后又被他用石头砸死的,故意给自己安了个重罪之名,然后鹰四开枪打爆了自己的头,结束了他短暂、迷茫和暴力的一生。

日本经济第三条道路的奇迹

大江健三郎虽然没有详细交代"超市白"在这场冲突中的下场，谦厚的他也许自觉没有水晶球，无法对日本经济转型最终的走向作出准确的预言，但他还是暗藏机锋，他的话总被认为是"先知似的"。

日本奇迹的独特性

大江健三郎对日本的经济大势应该有深刻的理解[1]，在这部作品收官之际，日本虽然还只是一个新兴经济体，但二战后的日本全国上下齐心，正经历着举世瞩目的"日本奇迹"。大江健三郎成名于20世纪60年代，日本原本的独特的封建体系，即那个在经济转

---

[1] 大江健三郎自曝与1998年诺贝尔经济学奖得主、印度裔哈佛大学教授阿马蒂亚·森（Amartya Sen）曾有深度的交流，其交流内容包括"日本泡沫经济时代中经济战士的工作态度"；另外，他也把书中的"超市天皇"、电视机和日本经济的高速成长放在一起来谈。

型初期还不断以顽固的方式制造世代冲突和内外矛盾的体系，终已成为过去式。日本文明对经济和物质的重视，却又反复地体现在很多方面，比如在大江健三郎笔下，阿蜜家作为大户受到了居民的尊重，老百姓对物质生活有着追求和向往，虽然讨厌"超市白"，但又给他安了个"天皇"这等献媚的封号；而这个文明对家族次子或边缘后裔的冷漠，对外国人的排斥甚至仇视，是一个在经济发展和时代变革中不会轻易被解开的结。

贯穿全书的一个情结，是大江健三郎面对美式文明入侵的复杂、纠结而抵触的心态。书中所写的1860年的暴动、阿蜜大哥的客死异乡、鹰四因反美示威而远渡纽约，以及山谷原住民与代表美式资本主义的"超市天皇"叫板，等等，其深层矛盾，就是日本面对美国时的矛盾：对于日本而言，美国是一个号称以解放个人自由为目的的民主政体，自认为是所有社会的终极理想模式，是站在道德高地上的西方领袖；它又是侵略者、美国海军准将马休·佩里（Matthew C. Perry）的祖国[1]，是二战时用原子弹摧毁广岛和长崎的国家级敌人；它在二战后以战胜国的身份指手画脚地介入和改造了日本的宪法和政经体系，直接踏入了这个曾经闭关锁国且国民自我感觉良好的地方。

美式资本主义在二战后的日本启动的经济转型，确实是建立在自由主义市场经济逻辑之上的，可是，日本当代的政经操盘手，却

---

[1] 马休·佩里是美国海军将领，因和祖·阿博特（Joel Abbot）率领黑船打开锁国时期的日本国门而闻名于世。

如一千多年前平安和镰仓年代的日本古人"取之于汉唐，却融之以我日"一样，将美国模式彻底融入日本二战后急于要重建经济的国家政策之中。美国在二战后戮力重建日本，固然是要补偿原子弹对日本造成的破坏；但另一方面也是在冷战格局下，在远东安插一个战略据点，以制衡苏俄。因此，美国对日本给予了最大的支持和包容，尤其是在技术输出和开放市场这两个关键点上。

日本从来没有以自由主义市场经济教义来重建经济，反而在美式市场经济和苏式计划经济以外，自主图强，另辟蹊径，以国家发展资本主义（state developmental capitalism）模式，走出经济重建和社会复元之路。这套组合拳，名义上是市场经济，但在骨子里却是由政府——尤其是通商产业省（MITI）[1]积极参与和主导的。这种模式自20世纪五六十年代起，为日本经济带来了翻天覆地的变化，也颠覆了美国的资本主义信条；而后来的"亚洲四小龙"腾飞，以及自1978年起中国政府实行的改革开放政策，其中国家所扮演的角色就是师承日本的。[2]

---

[1] 查默斯·约翰逊（Chalmers A. Johnson）的名作《通产省与日本奇迹》（*MITI and the Japanese Miracle*），其书名其实已经说明一切。
[2] 研究中日发展史、中国问题的美籍学者傅高义（Ezra F. Vogel）曾这样说："中日学者确实对自己国家的历史有外人无可比拟的了解，但当双方走在一起时却总无法达成共识……时至今日，中国人和日本人仍然可以轻松地学会对方的书面语，并能体会到其细微之处，这是西方人不能做到的……"他在遗作中指出，"亚洲四小龙"和中国都曾从日本的现代化中取经，见 Vogel（2019）。

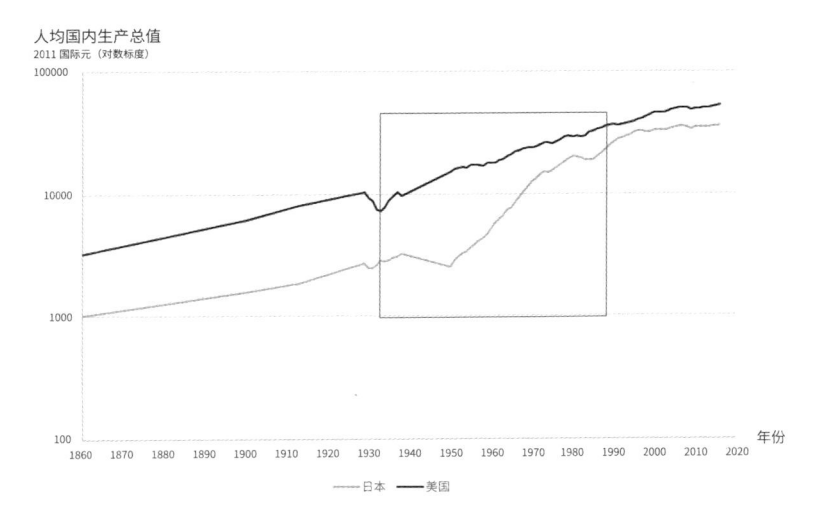

图 7　人均国内生产总值：日本与美国（1860-2016）

说明：1930 年前的数据不全，单位是已考虑了购买力平价（PPP）的"国际元"（International Dollar）。
来源：Bolt, J. et al.(2018)。

一战功成

大江健三郎下笔时，不可能预见到在大约 10 年之后，出现一本由美国学者傅高义写的《日本第一》（*Japan As Number One: Lessons for America*），竟然以日本制度的优越性反过来启发美国，宣布"学生"与"老师"的身份互换；他也不可能预料到，20 年后日本竟然一跃成为世界第二大经济体。在他收笔之际，"超市天皇"这个师承美式连锁经营的韩裔商人，生意依然做得风生水起；

而山谷原住民的生活模式，还是在模仿美式消费主义，憧憬着家电世界的降临，因为资本主义而面对被异化的失落感油然而生。但在阿蜜和菜采子最后另觅"新生活"这一情节中，作为知识分子和一个看透经济大趋势的文学家，大江健三郎流露出了对找到美、苏以外的一条切合日本自身文明出路的向往。大江健三郎这一代人，穷了一辈子，就是要积极地把历史的伤痕擦掉，建构一个"新生活"所需要的典范。

这本以足球为题的宏伟之作，为大江健三郎赢得了诺贝尔文学奖，就像《足球小将》（キャプテン翼）的主人公大空翼在世青杯决赛中创造的奇迹一样。而由经济转型所引发的冲突，直至今天，仿佛仍在发酵。

守门员的博弈论

在足球界，守门员往往容易被忽略，这其实也有好处。1998年世界杯冠军法国队，其守门员法比安·巴特斯（Fabien Barthez）说过[1]，加时赛中射点球是守门员表演的机会，因为压力都在射手那边。巴特斯是助法国队赢得世界杯的英雄，说这番话自有他的道理；然而，另一位文学大师却因为"守门员的焦虑"而获得了诺贝尔文学奖。

2019年诺贝尔文学奖的两个得奖人之一，奥地利籍德语小说和剧本作家彼得·汉德克，似乎是个足球发烧友，他的重要作品之一就是1970年出版的《守门员面对罚点球时的焦虑》（*Die Angst des Tormanns beim Elfmeter*）。

《守门员面对罚点球时的焦虑》是彼得·汉德克早期的重要

---

[1] 见 Arrondel et al. (2019)。

作品之一。由于是德语作品，非德语的读者只能通过翻译后的版本来了解汉德克的风格。小说出版一年后，就被电影商看中，电影由当时德国的新晋导演、与汉德克年纪相近的维姆·文德斯（Wim Wenders）操刀，并由汉德克亲手把小说改编成剧本（*Goalkeeper's Fear of the Penalty*）。

剧本和小说最大的区别，是在电影的开场插入了一段足球比赛。比赛中，主角守门员约瑟夫·布洛克（Joseph Bloch）似乎有点魂不守舍，对手一个很随意的射门，他居然没有扑救，呆呆地目送足球滚入网内，到了中场再开球时，他更因与队友及裁判吵架而被罚红牌出场。这个小说里没有的场面，正好预示了电影要表达的当代社会弥漫着的那股莫名其妙的氛围。我们可以称它为"无厘头"；如果硬要由《信条》（*Tenet*）的导演克里斯托弗·诺兰（Christopher Nolan）来介绍，他可能会将汉德克改编的电影作为"Mindfuck（精神强暴、愚弄观众）"这种类型片的典范之一。

小说的开头，布洛克退役后当上了地盘工人（即建筑工人），在读者还没有搞清楚发生了什么事时，他便"似乎"被炒了鱿鱼。被开除之后，布洛克一反常态地没有回家，而是入住了一家廉价酒店，除了买报纸时留意足球消息这一点比较正常之外，他的其他行为都带着点没头没脑的神经质，比如无端打架。布洛克在酒店住了没几天，莫名其妙地掐死了与他发生一夜情的女售票员，仅仅因为布洛克觉得女孩在聊天时，常把布洛克说过的朋友和事情说成是她的朋友和她的事情。之后的故事越发荒谬怪诞，布洛克为了找前女友而去了一个乡郊小镇，他要躲开警察的追捕，却又到处与陌生人搭讪，并且会不避嫌地与交警聊天，还在酒吧和人打架……

守门员谈博弈论

在彼得·汉德克的故事里，足球其实只算是个小配角。布洛克确实是个守门员，他甚至去过美国，故事也对美国游客的奢华有所影射。但汉德克更在意的是，在一个疏离的社会中，个人是如何因为遭受外界的打击而产生精神分裂、注意偏差等病态问题的。不管是否意图愚弄观众和读者，汉德克笔下这个焦虑的守门员都让人难以理解，大家要是想欣赏这个守门员的身手，的确要有点耐性。

在小说的结局中，布洛克在镇上溜达时，偶然遇上一场足球比赛，在评论点球时，布洛克与一名穿西装的售货员来了一场无厘头的聊天，还用上了博弈论："如果守门员认识那个射手，那他就知道射手通常都会选择射向哪个角。但是，射手有可能也会想到守门员是在琢磨这个问题……"汉德克最后写道："守门员不慌不忙地站在中间，以静制动，把足球一把抱入怀中。"[1]

---

[1] 这一结尾也正好隐含着近年行为科学对人们有种"行为偏好"（action bias）这一观点的论证。研究指出，守门员在防点球入网时喜欢"捉路"（即猜测来球的方向），结果往往会空手而回！就统计而言，如果守门员"静止"在中间，其挡住足球的概率是扑向左右且猜中方向而成功救球的2倍以上！守门员扑向两边时，就算猜中方向，依然有很大的机会挡不住入球。见 Memert & Noël (2020), Arrondel et al. (2019)。

场外的过气守门员（即布洛克）因失神而焦虑不已，场内处于压力下的守门员却轻松淡定——这一对比中透着荒诞，文学大师如此描写是否是在愚弄读者呢？

接下来，让我们看看博弈论的真面貌。

博弈论：这游戏并不是儿戏

在英语世界，体育竞技又被称为 game，完场被称为 game over；《经济学人》杂志（*The Economist*）分析体育和财经故事的专栏叫"Game Theory"，但不要因带有"game"一词便以为这些都是儿戏之谈，有一门跨越"政经军商"四大领域的研究，就叫博弈论（Game Theory）。

美丽心灵

获得第 74 届奥斯卡最佳影片奖的电影《美丽心灵》，讲述了 20 世纪 50 年代，美国一位天才数学家约翰·纳什传奇的大半生，由金球奖影帝罗素·克劳（Russell Crowe）饰演这位木讷内敛、文质彬彬的数学老师。[1] 纳什虽然一度患上了精神病,却在 1994 年开宗立派地成为第一个获得诺贝尔经济学奖的博弈论学者,使得博弈论成为社会科学、经济学、政治学,以及军事对弈、商场对阵甚至球赛布阵中被广泛运用的一门理论和实践并重的学科。据统计,自纳什获奖后的近 30 年里,至少有 11 位博弈论学者获得了瑞典皇家科学院的青睐,正好能凑足一支足球队。[2]

选美与博弈论

纳什不是博弈论的创始人。在著名的经济学大师中,约翰·凯恩斯(John Keynes)因"选美比赛"被视为博弈论的先驱。凯恩斯所在的那个时代,流行从报纸上的照片中竞猜"最漂亮的女人",而凯恩斯认为这个游戏的最佳"解"回答的是另一个问题:"谁是大多数人觉得其他人觉得……的最漂亮的女人?"这个有趣的观察,虽然也启发了包括金融投资在内的行为研究,但多少带点玩票的性质。直到约翰·冯·诺伊曼(John von Neumann)——一个精通数学和计算机学的科学全才——对"零和游戏"[3]的"解"的研究出现,博弈论才有了为人所重视甚至恐惧的数学模型。不过,由于当时的

---

[1] 纳什不善言辞,这不是单指说话,他甚至连字懒得打:他在普林斯顿大学的博士论文只有 28 页,而 1994 年瑞典皇家科学院点名的 4 篇论文(没有一本完整的书)一共只有 30 页,第一篇论文才 2 页。
[2] 2020 年 10 月 12 日,瑞典皇家科学院公布两位研究博弈论分支——竞价投标的专家获得了诺贝尔经济学奖,为这支"球队"再添两员大将,Dixit & Nalebuff(2008)。
[3] 零和游戏又被称为游戏理论或零和博弈,源于博弈论,是指一项游戏中,游戏者有输有赢,一方所赢正是另一方所输,而游戏的总成绩永远为零。

人们所认为的博弈论比较狭隘，老是在说"当你知道我知道你……"这个问题，却未能找到大家所重视的"均衡点"，所以博弈论一直没有成为主流。

上策均衡

直到纳什出现，对博弈论的研究才有了突破。纳什有一个广为人知的理论，即"纳什均衡"（Nash Equilibrium）。大意是，虽然在博弈中常有的"你在猜我在想什么，我在猜你知道我知道什么……"似乎永无止境，但纳什却从理论上证明了，许多博弈其实可以找到"解"，能识别出一个或多个均衡点。在这个点上，各个玩家的出招（策略），都是对其他玩家的最佳回应；在任何其他的点上，玩家都会有动力再度出招，引来变化，但一到了这个均衡点上，大家会发觉，相对其他人的出招，自己的回应就是最好的策略，即便不是绝对的最优选择。在能找到均衡点的情况下，博弈论登上了大雅之堂，不再是一个"偏门"的学科了。

体育竞技中的规则、结果和分配明确，有助于权衡和预测对弈的策略。比赛中对垒双方的互动性明显且直接，因果关系较之其他社会现象来得更加自然和明确，在这个领域中应用博弈论便更加得心应手。足球场上最有趣的博弈研究，要数伦敦政治经济学院（The London School of Economics and Political Science，LSE）西班牙教授伊格纳西奥·帕拉西奥－胡尔塔（Ignacio Palacios-Huerta）对点球的研究。[①]帕拉西奥-胡尔塔用上了纳什均衡和博弈论中的"混合策略"（mixed strategy），以一种包含了概率且连玩家自己事前都不知道的方式来出招，他以1995至2000年期间英超、意甲和西甲的点球数据为依据，印证了点球射手的"上策"是向自己的强方（如惯用右脚者射向守门员的右方）射出，在10次射门中，如向强方射出62%、向弱方射出38%，则综合的命中率是最高的；同理，守门员的"上策"是向射手的强方扑出58%、向弱方扑出42%。

[①] 见 Kuper & Szymanski (2018), Palacios-Huerta (2014)。

体育产业中的"囚徒困境"

博弈论作为经济学用以预测社会现象的工具和框架之一,其应用覆盖的范围,从以往只限于理论中的行为预测,渐渐地向现实世界里的政治、商业金融和军事等领域延伸。在体育竞技上应用博弈论的案例(如上文中的点球),多以如符号般的术语表达,不容易理解消化,接下来,我们以体育产业中商家之间的竞争和合作为例,一窥纳什及其队友的风采。

在体育产业中,全球关注度较高的,当属英国和西班牙的足球联赛。我将用博弈论中几个核心的概念分析英、西两国的足球产业,并聚焦于金额最大、吸睛度最高的电视转播版权费定价,揭示高企[①]或相对偏低的转播费。

---

① "高企",一词源于广东话,常用于金融、股票领域,指价位持续停留在较高的位置不落,且有继续升高的可能。

英超和西甲，因球迷遍布全球，电视转播费一直水涨船高。不过，只要细心地剖析和比较，就可以发现英超的转播费是年年三级跳，而近20年足球成就远胜英超的西甲，其转播费却与之相形见绌，虽然也有增长，但与其成就相比，却显得十分不匹配。

接下来，我将从博弈的角度，提出两个底层的结构性因素，帮助大家理解体育产业。

英超的组织结构，由于其历史缘起或自然禀赋（natural endowment），一开始便偶然地解决了"囚徒困境"这个时常困扰社会、经济甚至政治组织的问题，从而达到了最优均衡；反观西甲，却因无法摆脱"囚徒困境"，导致其市场长期仅能达到次优均衡。

"囚徒困境"，是指社会上普遍存在"自私自利"的个体，如消费者、公司、利益团体、政府或国家等，为了其自身利益的最大化，往往会选择"损人利己"，放弃"合作共赢"，宁愿成就"小我"，也不肯成就"大我"，明知道可以达到帕累托最优[①]，也会舍弃合作。

这就像两个小偷犯案后被警察抓到，在囚室中分别被盘问时，只有两条路可走：要么招认，要么否认。如果两人同时否认，警察无证无据，唯有放人，两人便得以逃脱惩罚；但如果有任何一方自私怕死，自行招认而成为污点证人，祈求获得从轻发落的机会，警方便有了证据给他们定罪，只是招认了的人会获得减刑，而另一个

---

① 帕累托最优（Pareto Optimality），也称为帕累托效率（Pareto efficiency），是指资源分配的一种理想状态，假定有固有的一群人和可分配的资源，在从一种分配状态到另一种状态的交易演化中，资源分配到达了一个极点，在该极点上，不会出现必须有一个人的境况变糟（如利益受损），方能让至少一个人得益的情况，那么该极点上的分配状态就是帕累托最优。

人则会因矢口否认罪行，遭到同伴的出卖，从而面对更长的刑期；当然，如果两人同时招认，自然也都会锒铛入狱，量刑也比自己不招而同伴招时来得要轻。

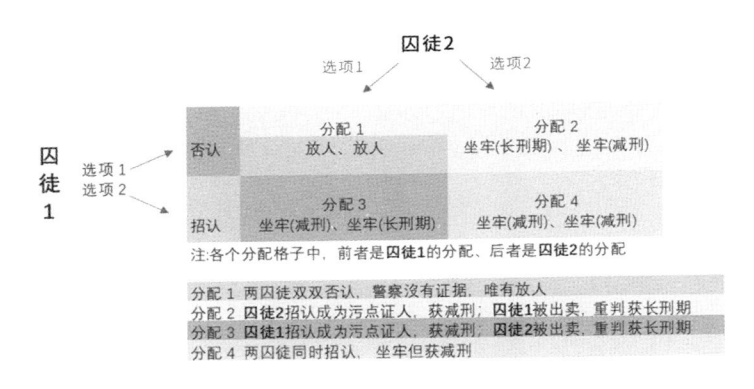

```
                    囚徒2
              选项1          选项2
         ┌─────────────┬─────────────┐
      否认│  分配1       │  分配2      │
         │  放人、放人   │ 坐牢(长刑期)、坐牢(减刑)│
囚徒1    ├─────────────┼─────────────┤
      招认│  分配3       │  分配4      │
         │ 坐牢(减刑)、  │ 坐牢(减刑)、 │
         │ 坐牢(长刑期)  │ 坐牢(减刑)  │
         └─────────────┴─────────────┘
注：各个分配格子中，前者是囚徒1的分配、后者是囚徒2的分配

分配1 两囚徒双双否认，警察没有证据，唯有放人
分配2 囚徒2招认成为污点证人，获减刑；囚徒1被出卖，重判获长刑期
分配3 囚徒1招认成为污点证人，获减刑；囚徒2被出卖，重判获长刑期
分配4 两囚徒同时招认，坐牢但获减刑
```

图8 "囚徒困境"的普遍性

来源：作者整理。

有趣的是，在博弈论的视角下，两个囚徒总在想"那家伙又不傻，怎么会不出卖我呢？"，那么，在"你知道我知道你……"的前提下，两人唯有各自先下手为强。换句话说，为了自保，明知如果双双否认指控（即合作共赢），二人所受的惩罚最轻，"小我""大我"能同时成全，但由于没有串通机会或约束其行为的机制，最终，为了各自的利益，不管对方招认还是否认，总之自己的占优策略（dominant strategy），即在任何情况下使出都是最佳选择的招数就是招认；由于两人同时招认，结局往往是均衡的双输。"囚徒困境"中的纳什均衡，旋即被广泛套用在现实社会的经济领域中，

许多市场策略失效,都可归咎于"困境"作祟,如环境污染相对于个体的方便、商业战场上的自杀式减价战、军备竞赛、海洋捕猎和运动员偷吃禁药,等等。"困境"的普遍存在,有如给了亚当·斯密——曾大力宣扬"自利"不坏,社会因有"无形之手"自然能达到最优均衡——一个大大的耳光!

英超偶然摆脱囚徒困境

英超联盟有限公司（The Football Association Premier League Limited，下称"英超公司"），是一家于1992年因缘际会成立的私人公司。它的出现，打破了英国足球行业之前的"半垄断"状态，并为后来英国足球行业克服"囚徒困境"，设置了一个最优均衡的路径，整个过程被并购律师出身、媒体争相追访的权威作家丹尼尔·盖伊（Daniel Geey）形容为"足球革命"。

在英超公司出现之前，英国的足球行业因整体经济疲软和足球流氓（football hooligan）肆虐而萎靡不振，各俱乐部为了生存，不断地四处寻找救生圈，有被迫上市的，有变卖球场地皮的。当时，各俱乐部考虑到电视转播会影响现场收入，且从电视台得到的分成向来不多，所以球赛的转播价值一度偏低，转播权一直在国营的英国广播公司（BBC）和混合所有制的英国独立电视台（ITV）[1]手中轮流交替，二者表面上是竞争关系，但实际上更像是默认的双头垄断。[2]这便是英国足球行业初期的均衡状态——"均衡1"。

到了20世纪90年代初期，几个大俱乐部人心思变，当中又以素有"英伦银行俱乐部"之称的阿森纳（Arsenal F.C.）最为积极，它刚刚引进了一个"市井商人"，让其成为股东并入阁董事局，试图打破俱乐部被英格兰足球总会（The Football Association, the FA）牵着鼻子走的局面。1991年，ITV也有新人上台，欲进一步巩固在足球转播上的份额。曾任曼联主席的马丁·爱德华兹（Martin Edwards）在回忆录中披露，这两派人马在1991年5月的一个饭局上居然一拍即合，促成了当时五大俱乐部的"兵变"，义无反顾地与英格兰足球总会"分裂"了。[3]

五大俱乐部，即阿森纳、埃弗顿（Everton F.C.）、利物浦（Liverpool F.C.）、曼联和托特纳姆热刺（Tottenham Hotspur F.C.），为了获得其他甲组俱乐部的支持，在设计新的联赛章程时，颇为照顾小球队的需要：在组织架构上，顶层俱乐部以一人一（股）票的方式，成为新公司的22个成员股东之一。这样一来，不管是"五大"俱乐部的球队，还是大概率会降级的小球队，在联赛的重大决策上，

---

[1] 独立电视台（Independent Television, ITV），是英国第二大无线电视经营商，于1955年设立，目的是为BBC提供竞争。
[2] Evens, Iosifidis and Smith (2013)。
[3] Edwards (2017)。

都有平等的投票权；而且分红会以事先约定好的公式计算，其中包括平均分配的部分和按成绩高低分配的部分（前者的权重较大），因此分账方式是集体厘定的，也是透明的。

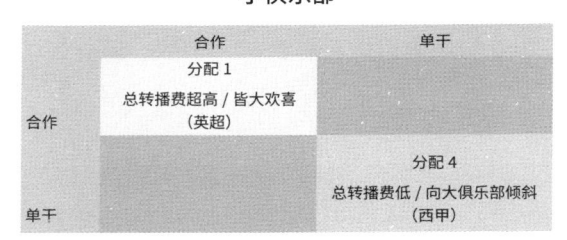

	小俱乐部 合作	小俱乐部 单干
大俱乐部 合作	分配 1 总转播费超高 / 皆大欢喜 （英超）	
大俱乐部 单干		分配 4 总转播费低 / 向大俱乐部倾斜 （西甲）

分配 1　大小俱乐部合作，服从集体谈判，转播费极高
分配 4　大小俱乐部各自为政，抢得就抢，总体结果差，大俱乐部居多

图 9　"囚徒"视角下俱乐部间的角力

来源：作者整理。

于是，在 1992 年 5 月新成立的英超公司，一开始就形成了业内独有的集体谈判（collective bargaining）模式——以共同利益最大化为运营基础，所有商业决策将对各成员都有约束力，没有大俱乐部为谋私利而出卖小俱乐部的情况。以此为基础向电视台讨价还价，自然有垄断供应的优势。

从博弈论的视角来看，英超公司在误打误撞[①]中克服了"囚徒困境"，令其在电视转播这项对各俱乐部而言最重要的商业收入上，确立了一个最佳的、无后顾之忧的谈判位置。这一状态便是"均衡 2"。

---

① 这与前文中克鲁格曼阐述的地理经济学首尾呼应，克鲁格曼指出，地缘效应有许多历史的偶然性。

作为英超公司的基础运营逻辑，"均衡2"一直处于较为稳定的状态，这期间虽然几乎所有大俱乐部都出现了股权更替，对英超公司的运营却没有影响，就算有些俱乐部搞起了私人电视台，如曼联电视台（MUTV）、切尔西电视（Chelsea TV）等，其前提也是把直播赛事这块肥肉留给英超公司。不过，随着移动终端相关产品的普及、流媒体技术的提升和私人分享模式的流行，新一轮的科技变革可能会给"均衡2"带来挑战。一直以来，行业间和媒体中不时传来不同版本的"泛欧洲超级联赛"（Pan-European Super League）之说，这其实是当年英超踢开英格兰足球总会这一故事的翻版，只不过这将是个跨越国界、价值更高的动态演变过程，如果事成，这可能会是对"均衡2"的最大挑战。[1]

"囚徒"是如何被困的？

如果英超公司不是以集体谈判的模式经营，各个"囚徒"（即俱乐部）又该怎样抉择呢？历史自然不会容许我们把英超推倒重来，但现实中却有两个与之时空交错却又十分相关的故事：故事的主角一个是英超成立前的英足联，一个是英超成立后平行时空里的西甲。

---

[1] 英超电视转播的价值在2019—2020年间开始遇到天花板，这是后话了；"泛欧洲超级联赛"之说见 Geey（2019）。2021年5月，"泛欧联"更是一度登上了头条，并由皇马（Real Madrid CF）、曼城（Manchester City F.C.）和尤文图斯（Juventus F.C.）等12个来自欧洲各地的冠军俱乐部联名发动。不过，上至各国政府，下至各地球迷，横跨各个地域的商业组织如国际足联和欧洲足协等，都极力反对，"泛欧"之梦胎死腹中。

1992年前的英足联赛，赛会是由92家包括甲、乙、丙、丁四个级别俱乐部组成的足球联盟（Football League）主理的，他们的利益诉求并不一致[1]，没有集体向电视台（BBC和ITV）争取收益，因此当时电视台每年给俱乐部的总转播费只有可怜的1100万英镑（1988—1989和1991—1992这4个赛季的转播费总计约4400万英镑），曼联这样的劲旅所分得的收益仅为每年9万英镑（1988年）。我们来前后做个比较，1992年英超成立后首年的总转播收入为3800万英镑（总计约1.9亿英镑，覆盖5个赛季），其中曼联可分得近400万英镑（1993年）。换言之，英超成立前后的一年间（1991—1992相对1992—1993），仅仅换了个模式——由英足联年代的各自为政到英超年代的集体谈判——揭示了"囚徒困境"的成本（即英足联与英超电视转播费的前后之差），是每年相差2700万英镑，总差额大约为1.47亿英镑（见表1）。

表1 英超囚徒：由困境到解困

单位：百万英镑	囚徒困境	囚徒解困
	英足联/ITV 1988-1992	英超/BskyB 1992-1997
	(a)	(b)
每年	11	38
总合约值	14	191
成本 =b-a (**每年**)	27	
成本 =b-a (**总合约**)	147	

来源：作者整理。

---

[1] 大俱乐部被财力弱小的小俱乐部所制约，有些小俱乐部因为没有商业赞助，甚至以抗拒不公平、浪费或混乱为由，成功反对在所有队伍的球衣上印广告，令爱德华兹这等大人物哭笑不得，见Edwards (2017)。

"困境"缠身的西甲

"囚徒困境"的例子,出现在英超成立后的平行时空,即欧洲南部的西班牙足球甲级联赛的商业布局上。

作茧自"囚"

历史上,西班牙足球向来处于欧洲一二线之间,但随着20世纪90年代末的一系列变化,自2000年的年中开始,无论是国家队还是俱乐部,在顶级赛事中,这些球队均取得了空前的成功(见表2),其电视转播的商业价值理应水涨船高。

表2 西班牙的足球冠军(2000/2001—2019/2020)

	世界杯	欧洲杯	欧冠联赛	欧霸杯
西班牙	1	2	9	10
英超	0	0	4	4

来源:作者整理。

然而，西班牙足球在行业管理、联赛赛事的规章建立和顶级俱乐部的组织上，一直存在着有趣且自相矛盾的现象：一是传承旧日西班牙体制中强人政治的历史基因，有不少高压或行政主导的色彩；二是因中央财政不足，与行政强力主导并存的是地方政府和商贾割据偏安、独霸一方的势态，反映在行业的机构管理的运作上，就是出现了一个高高在上但实权旁落的西班牙皇家足球协会（Real Federacion Espanola de Fútbol，下称"西班牙足协"）和常与之互扭六壬、由一级和二级共42支球队组成的职业足球联盟（Liga Nacional de Fútbol Profesional，下称"西班牙足联"）。

由于历史沿革、地理条件及工商业发展的不均衡，向来只有位处西班牙首都的皇家马德里足球俱乐部（Real Madrid CF，下称"皇马"），以及来自西班牙国土边缘的、一向最不听话的加泰罗尼亚地区的巴塞罗那足球俱乐部（FC Barcelona，下称"巴萨"）鹤立鸡群，其坚如磐石的霸气，就正好体现在电视转播收入的分账上。

西甲的电视转播收入，原先是由西班牙足联集中处理的。[①]不过，自20世纪90年代中期卫星电视出现后，在一轮放宽管制的政策推动之下，各球队纷纷奔向市场，自行向媒体投怀送抱，渐渐形成转播权的"单独散卖"（individual selling）之局；[②]当时持不同政见的两大电视台Sogecable和Via Digital，各自在其所支持的政党或

---

① Garcia, Palomar Olmeda and Perez Gonzalez (2010)。
② 《福布斯》（Forbes）杂志指出，"单独散卖"是在1997—1998年间开始的；不过有其他评论者指出，"单独散卖"的出现应该是一个过程，而不是在单一的时空突然发生的。

政府的推波助澜之下，向球队竞价购入转播权，正中俱乐部的下怀。

由于占据资源及成绩优势，只有皇马和巴萨能真正从媒体身上获利。自21世纪初开始，皇马和巴萨均有土豪财阀入主，银弹充足，各自为政的趋势愈演愈烈，以致后来两者与其他球队分野之大，犹如一道鸿沟，难以逾越。这两强自然会自己与各个媒体谈判转播合约，使自身利益最大化，而其余的18家俱乐部，因为位处弱势，仅能沾上蝇头小利。2013年，西班牙足联首脑不禁叹谓，说两强实为"甲组中的'超级组别'"。

相形见绌的中小球队，如皇家桑坦德竞技足球俱乐部（Racing Santander）、皇家萨拉戈萨足球俱乐部（Real Zaragoza）、皇家贝蒂斯足球俱乐部（Real Betis Balompié）和瓦伦西亚足球俱乐部（Valencia CF）等，自2000年的年中开始因收入太低和连年亏本，纷纷开始申请破产清算或行政保护。

次优均衡的成本

在博弈论的视角下，这是一个自20世纪90年代末至2015年一直保持的"均衡"态势。不管是两强球队，还是末位球队，虽然都知道英超的例子，明知合作共赢有好处，却偏偏选了各自为政作为"上策"。

以数字为据，1988年西甲与英足联的转播费收入不相上下，每年都在1700万美元左右。但自2000年"单独散卖"在西甲盛行以来，西甲的电视转播收入仅能达帕累托无效率（Pareto Inefficiency）——把西甲 2000 年至 2018 年 18 年来"单独散卖"所得的转播收入加起来，也只及英超集体谈判所得收入的 63%。以此推算，西甲为"囚徒困境"所付出的机会成本大约为 59 亿美元（见表 3）。

表 3 西甲"囚徒困境"成本（2000-2018）

电视转播费（百万美元）	英超	西甲
1989	18	17
……		
2018	2003	748
18 年的总和	16212 (a)	10268 (b)
西甲 / 英超		63%
"囚徒"成本 =a-b		5944

来源：数据来自 Deloitte（2017）和 Evens, Iosifidis and Smith（2013）及艾云豪（2016）。

招认是上策

西班牙足联也知道合作共赢、单卖则输的道理，多年来做了不少呼吁，2015 年前就曾为电视转播的过渡进行集体谈判。不过，除了两强有既得利益而不肯轻易就范之外，就算是中小俱乐部，也会为各自的利益考虑，抱着能蒙一年便混一年的心态不肯合作。两强和另外两支中游队伍，在 2013 年底曾被揭发私自与电视台签约，把转播期限延至 2016 年。东窗事发后，相关球队和电视台还因此被罚款，这一情况就像囚徒的招认一样，明明是"下策"，却也是他们在博弈中认为的"上策"，总逃不开纳什均衡。"囚徒困境"的次优均衡，单靠各利益相关体根据自私的原则和自由交易的正常规律行事，似乎难以打破。然而，西甲历史上素有行政主导、军政独裁的基因，似乎要依靠西班牙中央行政和立法机关的作为来打破现状，才有出路。几经转折和谈判，西班牙政府和国会在 2014 年至 2015 年期间，以下达行政指令和立法的方式，强制要求各俱乐部在 2016 年后寻求集体谈判的方案，其中包括限制强队与弱队收入的差距不能超过 4.5 倍，且集体谈判的前提之一是任何一队都不能因此减少收入，等等。

2015 年 5 月，经过西班牙国会及西班牙足联的推动，在两强利益被保证的前提下，集体谈判雏形才得以形成，出现了与英超相若的分红比例，并自 2018 年起，在新一轮招标的合约中，都有所体现。[1]

西甲虽以行政主导开了集体谈判的先河，但能否达至新的纳什均衡，还需看各方"囚徒"在博弈之间如何平衡短线与长期、小我与大我之间的利益冲突。这个游戏似乎仍在进行中……

---

[1] 西班牙足联的中国香港代表卡斯特尔·爱德华（Castell Eduard）告诉本书作者，足联的期望，是将西甲每年的转播费与英超目前近 3 倍的距离拉近至约 1.5 倍。西甲的电视转播费比英超低，除了是博弈的结果之外，还有许多因素，如整体国力、经济水平等，所以西班牙足联的目标是高是低，还未可知。

电视台的破釜沉舟

体育产业的格局,让部分懂得玩游戏的"局内人"在动态博弈中,以破釜沉舟式的预先承诺手段,阻吓拟进入者。

前文我们是从供给侧经济的角度理解电视转播费飞涨的缘由,是静态博弈;如果从转播权的买方角度来看,价格高,表面上代表购买成本高昂,买家受罪,但实际上这些投资成本可以被视为进入市场的门槛,也是一条护城河。这是商业战场上的一种动态而重复的博弈,局内人或先行者以破釜沉舟、提前摊牌的招数,以预先承诺的方式,把一直在外面虎视眈眈的拟进入者拒之门外。

"进入—阻吓"博弈

市场中"进入—阻吓"博弈[①]的核心是,如果是朝阳行业,拟进入者欲分一杯羹,在没有行政或其他因素干扰的情况下,一般会以标新立异、低价投标等手段先杀入市场,占了份额再说。局内人若发现有拟进入者,其通常的反应是,嘴上宣称会奋力抗敌,并表明会打价格战,但实际上由于市场在扩大,局内人权衡利弊后,往往不会认真执行,以减轻自己的威胁,因为即使市场份额会被后来者占去一部分,局内人自己的蛋糕还是在变大的。如果能以逆向归纳法(backward induction)思考,即用动态博弈论的惯常思考方法识穿局内人的威吓只是个空城计,面对市场,这些后来者往往会照闯不误,把这个在不断被做大的蛋糕切走一角。

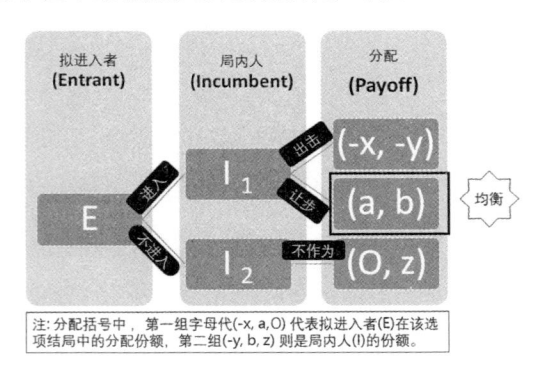

注:分配括号中,第一组字母代(-x, a, O)代表拟进入者(E)在该选项结局中的分配份额,第二组(-y, b, z)则是局内人(I)的份额。

图10 "进入—阻吓"的一般模式

来源:从 Carmichael (2005) 和 McCain (2014) 引申,由作者整理。

[①] 与纳什同年获得诺贝尔经济学奖的德国经济学家赖因哈德·泽尔腾(Reinhard Selten)就以"不可信的威胁"为基础,提出"多个纳什均衡"同时存在的普遍性。

但部分聪明或有胆识的局内人也会从结果倒推，他们明白，只在嘴上喊是没有阻吓作用的。为了加强威吓的可信度，局内人得花点成本，率先出手，以钞票代替空口白话。于是局内人的策略是大撒金钱，将预先的承诺，比如提升服务、加大优惠等提早兑现，封死"只说不做"的空城计，变为既成事实。这等威吓，将会付出极大的代价，后来者只有面对如此不理性的局内人（或许是装出来的不理性），才不敢轻言进犯，就算因行政手段而入局，也不敢造次。

破釜沉舟的策略

这等破釜沉舟的策略，弥补了空城计的不足，乃兵家常事；而英超付费电视中的先驱霸主、由澳洲传媒大亨鲁伯特·默多克（Rupert Murdoch）控制的天空电视台（Sky TV），多年来重复使用这种套路，几乎成功做到了"独霸武林"。1992年，英超公司横空出世时，其转播费每年为3800万英镑，每三五年便以几何级的倍数跃升。20世纪90年代末至2005年期间，因行政机构及法院以反垄断之名进行调查、干预和立法，天空电视台被迫将部分转播权与对手共享，使得其转播费的上升速度稍有回落。除此之外，即使是在2008年金融海啸风暴之中，转播费都如脱缰野马般疯狂上涨，到2019年时，每年的转播费已达17亿英镑，是25年前英超出世时的45倍！

天空电视台是局内人中的佼佼者。至1992年时，它仍然年年亏本，电视行业中"用者自付"模式显露端倪，然而天空电视台却敢孤注一掷把新鲜出台的英超一把抱住，狼性尽显。2000年，因行政机构、法庭干预，天空电视台不得不稍作粉饰，把蛋糕与后来者分享，让当地或外来的电视台，如塞坦塔（Setanta）、美国的ESPN[①]和英国电信（British Telecom，BT）等，以后来者的身份挤进市场，天空电视台再没被扣上"垄断者"的帽子。

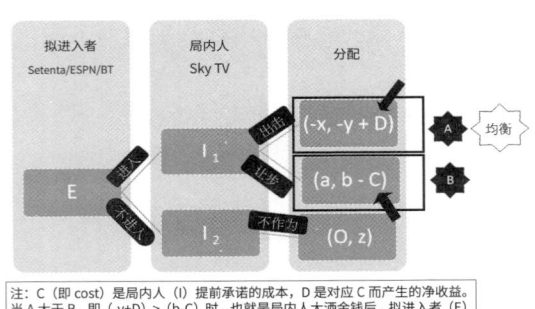

图11 "进入—阻吓"模式

注：C（即cost）是局内人（I）提前承诺的成本，D是对应C而产生的净收益。当A大于B，即(-y+D) > (b-C)时，也就是局内人大洒金钱后，拟进入者（E）从结果倒推，在"我知道你知道"的情况下，会被吓退，不敢造次。

来源：从Carmichael（2005）和McCain（2014）引申，由作者整理。

不过，由于天空电视台年年疯狂定价[②]，后来者即使进入市场，也无力跟上，最后只能折翼而返。塞坦塔在2009年率先进入破产程序，而后来的进入者，虽都是大集团的子公司，但也得靠总公司的支撑才得以经营下去。到2016年左右，哪怕是BT这样的电信

[①] ESPN，美国娱乐与体育电视台，时代华纳旗下的有线体育频道，于1979年成立。后来ESPN放弃了娱乐节目，全力发展体育节目。

[②] 天空电视台的前主播克里斯·斯库德（Chris Skudder）曾告诉本书作者，天空电视台一直在主动以高价策略折腾对手。

业巨无霸，几经努力，在收费电视上的市场占有率仍不过是4%，算是聊胜于无，对天空电视台的威胁似乎不大。

商业竞赛犹如游戏，但绝不是儿戏！在博弈论的视角下，无论是内容供应方（即俱乐部等组织，包括英超和西甲），还是版权的购买方，不管是静态的组织和谈判设置，还是动态的反复对弈，都得出"应以高价作为基本选项"的上策，难怪英超的电视版权多年来的纳什均衡都是只升不跌[①]；相反，西甲在一段相当长的历史时期内都被"囚禁"了，只能达到次优均衡。

以上从供应方和购买方来透视经济现象的视角，对于理解今日中国香港居高不下的房价乃是受制于供给侧的不平衡，以及投资方对近年在资本市场上独领风骚的"独角兽"公司的追捧，似乎有一定的帮助。

好了，以上我们讲了许多创富的故事，下面我们来讲一讲"脱贫"。

[①] 如前文所述，于2019/2020赛季开始，英超似乎遇到价格天花板，这是受到外来因素（exogenous factors）的影响。

巨星无助于脱贫

足球作为全球收入最高的体育项目之一，对第三世界的人来说，本可以是脱贫的路径，然而，经济学家看到的却是另一面。

2019年诺贝尔经济学奖的获奖者有点与众不同。获奖的三人中，印度人阿比吉特·班纳吉和法国人埃斯特·迪弗洛是一对夫妻，而另一位得奖人——美国人迈克尔·克雷默（Michael Kremer）则是迪弗洛在麻省理工学院念书时的老师。[1] 他们三人在研究脱贫这个发展经济学中的重要课题时，志趣相投，并巧妙地用上了"随机对照试验"（Randomized Control Trials，RCT），把经济学和社会科学的研究，由过去以观察研究且重视"相关性"的回归分析，推向了更科学化、因果关系更清晰和结果更具有政策导向性的方向。

班纳吉夫妇在其著作《贫穷的本质》中提到，脱贫工具之一是

---

[1] 该奖项由三人平分，本文主要讲班纳吉夫妇的研究点滴。

教育。发达国家那些"坐在沙发上侃侃而谈"[①]的经济学家们想当然地指出，只要捐钱盖学校，问题便能迎刃而解。但班纳吉夫妇却发现，在一贫如洗的国度里，情况并非如此。

在班纳吉夫妇所熟悉的印度，那些在教育上的投资很可能都是浪费，除了贪腐现象以外，需求的扭曲，也是一个深层而现实的问题。父母需要小孩早日工作以解决燃眉之急，这还只是其次，根本的问题是，教育是个长期投资，出钱的是父母，获利的却是日后可能会远走高飞的下一代，其中的社会风俗、文化和性别等因素，都需要用实验来一一予以分解。与之相关的问题，如是否必须提供教科书、小班教学或大班教学、私校或公校，以至老师是全职或兼职，都不是我们坐在沙发上便能想出方案来的。

足球学校的"贫穷陷阱"

班纳吉夫妇以研究贫穷为己任，他们常在第三世界国家穿梭，应该见过不少梅西（来自阿根廷）、卢卡·莫德里奇（Luka Modrić，来自克罗地亚）、卡卡（Kaká，来自巴西）等人在家乡的父老乡亲和发小。研究数据显示，过去20年的世界足球先生，只有4人来自发达国家。[②] 这对夫妇对教育基础建设的研究资料，也许应该寄

[①] Banerjee & Duflo (2011)。
[②] 分别是2001的迈克尔·欧文（Michael Owen, 英格兰）、2003年的帕维尔·内德维德（Pavel Nedved, 捷克）、2006年的法比奥·卡纳瓦罗（Fabio Cannavaro, 意大利）和2008年、2013—2017年的C罗。

几份给国际足联主席詹尼·因凡蒂诺（Gianni Infantino），建议其在争选票、写支票、盖学校之前，先参考一下足球学校的"贫穷陷阱"（图12），别把资源都浪费掉。

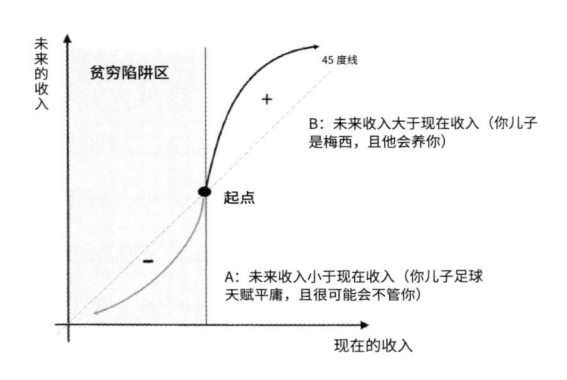

图 12　足球学校的贫穷陷阱

来源：受 Banerjee & Duflo（2011）启发，作者制图。

班纳吉是个球迷，荣获诺奖后首度衣锦还乡时，做的其中一件事，便是与当地一家著名俱乐部的老板相约看足球比赛。然而，班纳吉夫妇在贫穷的第三世界中游走多年，似乎并没有觉察到足球能帮助第三世界"脱贫"，他们能看到的，只是足球带来的不公平。

在班纳吉夫妇的新作《好的经济学》（Good Economics for Hard Times）中，职业运动员，尤其是足球运动员，是高薪厚禄和走私逃税的重点人群。[①]

在讨论人工智能（AI）和自动化这波环球大潮如何影响第三世界时，班纳吉夫妇指出，这一轮自动化的"替代效应"似乎比17

---

① Banerjee & Duflo (2019)。

世纪工业化的影响更为巨大，也更为负面。他们引用法国新晋经济学家托马斯·皮凯蒂（Thomas Piketty）的"大回转"观念指出，财富不均的现象在20世纪初有所缓和后又极速恶化，赢家通吃制造了一个个巨星企业和CEO，而金融市场对此也起了推波助澜的作用。

夫妇俩行文至此本来并不出人意料，也无甚起伏，没想到他们笔锋一转，把矛头指向了阿根廷人梅西，说他2018年的个人工资收入就有8400万美元，相当于一支NBA球队收入的一半，而球员为他们的收入不该受到限制进行合理化辩护的论据通常是资本主义式的，这种不合理是经济上的不合理所致，而不是体育竞技的需要所致——没有球员在辩护时会说"收入多一点的话，我会踢得更好"。

别以为C罗可以幸免于难，班纳吉夫妇紧接着便以"巴拿马文件"事件，剑指这位巨星。C罗2018年被西班牙税务局控告逃税，最后C罗认罪，并赔付了近1900万欧元的罚款才换得缓刑。之后，"C罗为了低税率去了意大利"[1]。

研究脱贫的诺奖巨星，却看不惯出身贫穷、后来在球坛上获得巨大成就的足球巨星，前者在田野实验中应该很清楚"贫穷"对小朋友的折磨，也应该了解足球怎样帮助了这些天之骄子，让许多"穷小子"们踢出了一个未来，但为什么诺奖巨星笔下的运动巨星有着如此阴暗的一面呢？

这就是本书第二部分 "成就方程式"里的一个核心问题。

---

[1] Banerjee & Duflo (2019)。

当贝克汉姆遇上弗里德曼

想看万人迷大卫·贝克汉姆和 1976 年诺贝尔经济学奖得主米尔顿·弗里德曼同台献技吗？英国著名经济学家约翰·凯（John Kay）和英国央行英格兰银行前行长默文·金恩（Mervyn King），在他们两人 2020 年的新作《极端不确定性》（*Radical Uncertainty*）中，为球坛巨星和诺奖大师的共舞提供了一个舞台。

凯与金恩曾于 40 年前合作写书，之后便分道扬镳，几经辗转后再度合作。其新作约有 500 页，"少不了要'咆哮'一番"（这是英国《金融时报》对这本书的评语），对几十年来经济学研究中的缺失尽情地抨击。作者行文至中部，也许是怕读者犯困，于是"请"来了万人迷贝克汉姆，并详细展示了在 2001 年世界杯预选赛英格兰对阵希腊的那场著名战役中，贝克汉姆是如何以绝技七旋斩拯救比赛的。

一人一脚踢进决赛周

比赛进行至 90 分钟时，英格兰队仍落后一球，但在对方的禁区外获得一个罚球。对此，两位教授兼球迷旁征博引，找来谢菲尔德大学运动工程学教授写的两篇以物理学原理解释一众球王如何"让足球飞"的论文。论文指出，贝克汉姆的这记高飞曲坠使足球破空追击的轨迹从左至右横跨达 3 米远。当球飞抵球门，气流由湍流急转成层流，阻力猛增 100%，这使球刁钻地急坠，撞进球门的左上角，守门员似乎被足球飘忽的初始路线迷惑了，他连飞扑的动作都来不及做就失足跌倒在草坪上，只能目送足球破网而入。

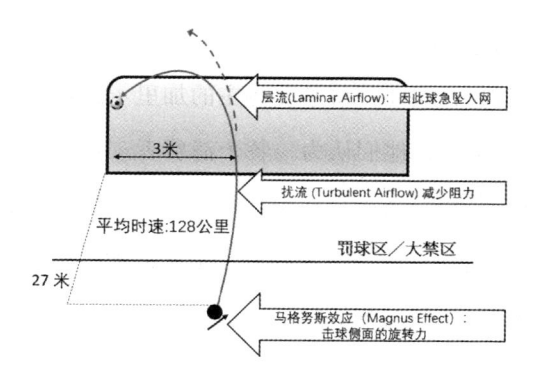

图 13　以物理方程式计算贝克汉姆的入球路线

来源：作者参考 Davy (2003), Kay & King (2020) 后制图。

贝克汉姆这一脚把英格兰队踢入决赛圈，也使之成为众多经济学家辩论应该如何看待人类行为时的一个标准。

凯与金恩举例说，贝克汉姆射入罚球，就如在他的脑海中，一瞬间以几何学和微积分中的公式进行了复杂的差分计算。他能射入罚球，说明他在那一刻几乎相当于一位出色的物理学家。

贝克汉姆 = 物理学家？

凯与金恩当然知道这样说未免夸张，他们煞有介事地澄清道："贝克汉姆没有能力进行如此复杂的计算。"但他俩也指出，把贝克汉姆视为懂得微积分的物理学家这样一套"就等于"逻辑，正是获得诺贝尔奖的经济学大师弗里德曼——芝加哥经济学派的开山老祖之一——所倡议的经济学模型的主要立足点。这一学派的成员还有后来同样是诺贝尔经济学奖得主的加里·S.贝克尔（Gary S. Becker）等知名学者，他们认为，各个消费者、企业等经济主体，不需要真的在脑袋里以各种公式来计算得失或寻找"最优化"方案，只要用这等假设所建立的模型预测得"足够准确"，就可以不用考虑那些假设本身是否符合现实。

凯与金恩的自我澄清表示，当年他们二人也曾把这一不顾事实的学说奉为宝典，多年来视之为唯一被人认可的"工具"。

他们也试图为现实中的贝克汉姆不会微积分"解围"，指出贝克汉姆对罚球的处理不仅仅是本能和直觉的反应，更是千锤百炼的结果。他们引用了前文提及的另一位诺贝尔奖获得者卡尼曼的研究，将贝克汉姆的动作视作"系统1"的典范，贝克汉姆本人也许不能用"系统2"的语言(微积分)来解释执行的过程,但这不会对他的那记"世纪金球"造成丝毫的减分。

一个完美的进球,是否需要洋洋洒洒的符号来定义?普通人每天在超市购物的日常行为,是否真的是最优化之果?是否要用模型来加以推导?

谁能明白我这个普通人

在由巨星刘德华投资、监制和主演,并于 2020 年 11 月公映的青春励志电影《热血合唱团》中,刘德华饰演一位纡尊降贵如神仙下凡般拯救"问题学生"的音乐指挥老师"严 Sir",他还演唱了电影主题曲。这首歌翻唱的是林子祥的金曲《谁能明白我》,却意外地为上文中提到的《极端不确定性》一书和上了声。那本书向今日方兴未艾的行为经济学发炮,指责它矮化普通人,并且助长了人们对 AI 的盲从附会,却忘了 AI 不能取代普通人对自己的认知。

行为科学领域中的巨星是前文提到的两位经济学家——卡尼曼和塞勒。由于卡尼曼 "没有受过经济学训练",他的获奖自然激起一片哗然。在凯与金恩带有酸味的笔下,卡尼曼研究宝典中的学生成了在实验室里被刻意误导、于不知不觉间行事而导致决定常有偏差的主角。

卡尼曼研究中最著名的实验是这样的：学生们先阅读一段关于琳达（Linda）的生活片段的描述，然后回答"琳达最有可能是谁"这个问题。在 8 个选项中，第 5 个选项是"银行职员"，第 8 个选项是"支持女权的银行职员"。用常理推测，学生们选择的答案应该是第 5 个——第 8 个选项只是选项 5 的一个子集。因为问题是"最有可能"（likely，概率问题），而不是"最像"（like，代表性问题），所以选项 5 是最佳答案。

然而，在卡尼曼所得到的回答问卷中，有近 90% 的学生竟然选择了第 8 个选项！卡尼曼分析，学生看了绘声绘色、具有引导性的文字后，对这个读哲学、充满正义感的中年女性有了先入为主的印象；银行职员，这个冰冷的职业名称，不足以代表一个有血有肉的个体，即使选项 8 有违逻辑，有人甚至明知道应该选第 5 个选项，但脑子里就是有个小人（系统 1）在叫嚷——她不可能只是个没情感和倾向的银行职员。

通过一个又一个的实验，行为学家们不断地研究各种问题，认定普通人有几百种行为和认知上的偏差，并依此划分了学科派别，获得一个接一个的奖项。

还有部分行为学家为了抵消"系统 1"这种直觉行为的偏差，设计了许多看不见的实验结构，比如从打工者所涨的薪资里，预扣一部分用作储蓄，并利用程序算法编成各种各样的"轻力推助"［如塞勒的另一本名作《助推》（Nudge）所言］，并以家长式的善意作为设计这些介入性算法的理由。

行为学家更能懂我？

设计上述算法的经济学家们认为，在分析社会资源、对趋势进行追因溯果时，一般人喜欢凭借直觉印象，以有血有肉的个体形象代替概率思维，这就是当下常见的在大是大非问题上鸡同鸭讲这一现象的根源之一。这种说法虽然不无道理，但是，在认同实验结果之后，凯与金恩发难道："行为科学的实验难道就没有偏差错误吗？你们怎么知道今天的被迫储蓄对将来的我就一定更有利？你能比我更了解我自己吗？"

进一步说，普通人的直觉是造物者的基本设定之一，也是从古至今生物进化的结果，是我们面对外界"激烈的不确定性"时保命的经验沉淀。这些经验当然不一定都是对的，却是从真实但不确定的大世界中提炼出来且行之有效的法门，其准确度不一定比从实验室的小世界中推导得来的预测逊色。

"范式"（paradigm）能在某一时期站得住脚，是受了时代的保护。过去的范式被推翻时，否定它的依据也不一定是绝对的；不管是牛顿的"地心引力论"、芝加哥经济学派中的"就等于论"，还是今日行为学中的"双系统论"，与之对立的观点和证据长期存在且屹立不倒。当范式面对挑战时，这些范式的拥护者可能会用顾左右而言他的方式轻轻略过，说穿了，这些范式根本就是个人主观的论断，而非科学。

大咖的"就等于论""双系统论"是从小世界出发的，它们确曾准确地预测过结果，但是，凯与金恩一针见血地指出："一个模型的前提，如同其推导出的结论一样，原本就是预测的一部分，也应当被现实检验。"

电影《热血合唱团》中，刘德华所饰演的那位指挥家在结尾处被"问题孩子"的纯朴真情所打动，他终于明白，困住自己的枷锁是自己一直试图隐瞒年少时犯下的弥天大过，遂决定自首，期盼自己从枷锁中被释放出来。

巨星跨界是福还是祸

经常到处惹事的瑞典球王兹拉坦·伊布拉希莫维奇（Zlatan Ibrahimovic）已进入职业生涯的后期，他不仅在意大利劲旅 AC 米兰面前不断以进球出击，更是在媒体上频频向对手发难。在球场上，他哪怕是与之前的队友、现在的敌人对战，也经常会来个"全身搜查"①，这还算是在情理之中。后来发生的事更是带"火药味"，2021 年初，他向在 NBA 有"国王詹姆斯"之称的勒布朗·詹姆斯（LeBron James）发出挑衅，两位体坛重将靠互相喊话隔空对碰，互不退让，其实这件事背后的原因是人们对自主发声的向往。

詹姆斯向来敢说敢做，不平则鸣，针对种族平权话题发表言论自然毫不畏惧。在特朗普担任美国总统的最后一年，詹姆斯的言论

---

① "全身搜查"（body check），足球用语，意为比赛时双方在场上的肢体对抗，就像在机场过安检一样，上下都不会放过。

所触及的范围越来越广,除了为有色人种被白人警察枪杀的事件鸣不平外,他对美国地方政府兴建学校,特朗普"让美国再次伟大"的口号,以及当时竞选总统的乔·拜登(Joe Biden)和卡玛拉·哈里斯(Kamala Harris)的选举工程等都有发声,大有指点河山的气概。伊布拉希莫维奇虽然是欧洲人,但他曾在美国银河队踢了两年的职业足球,这支球队刚好就在詹姆斯居住的洛杉矶。

球打得好不等于懂政治

一山不容二虎,伊布拉希莫维奇似乎对詹姆斯的出位言论听不惯。2021年2月,他突然向詹姆斯发难,教训詹姆斯说:"老友,你虽然球打得好,但你应该做自己能做的事……我不喜欢人们有点地位就跑来说政治……那是大错特错的。"詹姆斯反击:"我在平等、正义、种族、投票权等议题上做过功课……你在瑞典不也投诉过自己被歧视吗?"

其实,在许多领域中都存在跨界之争。在社会经济的问题上,经济学曾被指责有"经济学帝国主义"倾向。凯与金恩在其著作《极端不确定性》中指出,经济学原本是一门解决现实生活中物质资源应该如何分配的实用科学,经济学家与建筑师、牙医甚至管道工人的任务是一样的,都是要解决日常生活中大大小小的问题。可是,自20世纪70年代开始,以加里·S.贝克尔等为代表的一些诺贝尔经济学奖获得者和诸多经济学派,都试图给经济学披上自然科学的外衣,使用公式和数学符号,把经济学包装成一门适用于婚姻、生育、犯罪、法律和政策及政治等非传统经济领域的学科,而贝克尔的名作之一就叫作《人类行为的经济分析》(The Economic Approach to Human Behavior)。

经济学帝国主义

中国自古有言"学而优则仕",在本行业做得出色,继而成功跨界的破圈者历来皆有。如果跨界者能把各行业间的异同搞清楚,跨界又有协同效应的话,实属一桩美事。问题是,跨界者如果纯粹是因为在本行业进入了"名人堂",就跑到别的行业里指手画脚、说三道四,那就犯了"不相关权威"的谬误。凯与金恩举例,在2008年的全球金融危机中,数量化的经济学严重失灵,一个个智者、大咖手持无数方程式和强大的计算机,却都未能预见到危机将至,而危机过后,在被问到"为何没有人预见到危机"时,他们又不约而同地选择了沉默。①

凯与金恩表示:"经济学之所以失效,是因为它走过了头。它自以为能用自然科学的方法,把人类的行为简化成只会选择最优化方案的理性机器,在多个不单是经济的领域,筑起一个又一个的小模型、小世界,并视之为真理;但当面对复杂又真实的社会和大世界

---

① 英国女王伊丽莎白二世2008年11月到伦敦政治经济学院访问,反复问这个问题时得到了沉默的回应。

中的问题时，经济学家并不像工程师、牙医和管道工人在解决他们手上的问题时一样，能拿出具体的、以经验为导向的方案。遇到巨变时，许多经济分析师都只能生搬硬套那些过于简单的模型，并将其称为科学，这既名不符实，又无济于事。"

伊布拉希莫维奇和詹姆斯都是大人物，有了冲突不易讲和，而伊布拉希莫维奇之后一度因专注于本业而钻牛角尖，竟然押注到国际足联明令禁止球坛中人涉足的赌球业，为此还要给自己找台阶下。

巨星能否跨界，我们似乎仍然没有定论。

Superstar Economics

第二部分
巨星的运气和技艺

　　足球、篮球、网球……作为运动竞技,讲求运动员凭过人的天赋和不懈的努力练就出超凡的技术。凭借"独门武功",运动员独步天下,名利双收。球场上的一传一射,肯定是"技艺"的表现;然而,比赛的战果却是意外频生,因为在许多环节上,运气会对技艺和进球这个因果关系横加干预。

　　为了理解本书的第二部分内容,这里列出了一个公式,将技艺、运气和成就等元素"定义性"地放在一起:

　　成就 = 天赋 + 努力 + 眼光 + 技术 + 苦干 +……+ 冒险 + 不可预测的因素

　　用归纳法,我们将天赋、努力、冒险等因素统一归纳在"技艺"之中;将不可预测的因素称为"运气";再以"巨星"代替"成就",那么我们就得到了以下这个"1+1=2"的巨星方程式:

巨星 = 运气 + 技艺[①]

请记住这个公式，这一部分内容，就是要把这个公式中的每一项逐一拆开进行阐释。

我们将首先瞄准公式左边的被解释项，即巨星的成就，看看为什么今时今日巨星得到的回报比以前的巨星得到的要多，也比二流球星得到的要多，看看赢家是怎样做到通吃的。

接着，我们将跳到公式右边的解释项——运气上，来看看天意究竟是如何弄人的。

最后，我们会聚焦于技艺，教大家学习巨星优化求生的技艺，避开"失误"，使用意象并发挥想象力。

[①] 巧合的是，卡尼曼曾表示他最喜欢的公式就是"成就 = 天赋 + 运气"，这位大师还说："大成就 = 多一小点的天赋 + 多非常多的运气！"见 Kakneman (2011)。

贝利的足球金童经济学

贝利，原名埃得森·阿兰德斯·多·纳西门托（Edison Arantes do Nascimento），是近代足球金童的著名代表之一。贝利参演了不少电影，但 2016 年的《球王贝利：传奇的诞生》（*Pele: Birth of A Legend*）却是英语世界里少有的关于贝利的电影，以传记电影的形式把贝利成为球王的传奇故事搬上了大银幕。电影以第三世界为故事背景，配以南美洲原始和野性的画面，描画出了巨星经济学中的一些轨迹。

"穷小子"的后花园

贝利一向被人视作"穷小子"凭借天赋赤手空拳闯出一片天地的典范，这部电影也试图如此反映。不过，现实可能就像万花筒，角度稍微扭曲一下，出来的色彩就很不一样。电影中，贝利家虽然不算有钱，不过他们一家五口住在自己的一栋房子里，他们的住所不是公租房，更不是南美惯常见到的贫民铁皮屋。镜头前，这个小康之家的房子有上下两层，空间感十足；后巷还有花园和树林，能让贝利苦练脚法。

电影中，贝利和他的"小战友"在闹市的宽街窄巷里花蝴蝶似的穿梭，头顶脚踢、倒挂金钩。贝利家后巷的花园和树林，正是贝利苦练独步天下的"Ginga"脚法的地方，就像武侠小说里大师"闭关修炼"的场所。尤其是一棵棵挂满果实的芒果树，是贝利苦练颠球、倒挂和射门的独有资源。

电影交代了"Ginga 足球"的由来：16世纪，葡萄牙人把巴西纳入其殖民体系，带去不少非洲黑奴，很多非洲人受不了压榨，逃入巴西各地的森林、村落。这些非洲人为了自卫而发展出一套叫"Capoeira"的拳术，结合了非洲人在原野生存的原始本能和巴西土著的搏击术、舞蹈，是一种集游击、搏击和格斗为一体的自卫术。后来虽然奴隶制被废除，但黑人和土著的生活并没有太大的改善，"Capoeira"也作为自卫术被立法禁止，老百姓将这套搏击术应用到足球训练中，称之为"Ginga 足球"。由此看来，现在世人习惯将巴西足球形容为浪漫率性的"桑巴足球"，可能是殖民色彩浓烈、粉饰太平的一面之词，浪漫之下，其实有更深层的、血腥的另一面。贝利以"果"代"球"练出绝世神功，这应该是电影人的创作点子，但仔细想来,"穷小子"就地取材也不是不可能的。小朋友没钱买足球,把其他东西当作足球,那是经常发生、谁都会做且谁都能做的事,那么,由此练出来的功夫,水平也自然不会差太多。贝利就更不一样了,他用的是别人没有的芒果,可供他在后花园里练习跳起、倒挂,学习以柔制刚——力度稍微大一点,便会烂果满身,狼狈不堪。

所以,故事里的一大帮街童中,也只有贝利能练成"Ginga 足球",这就是在路径依赖(path dependence)的视角下,起点和资源不一样,结果便不一样的原理。

退役父亲弃球从"佣"

表面上看,贝利球技与众不同的原因是,他的父亲是一位过气的足球运动员。"代代相传""有其父必有其子"自古便是成功的要素,不管贝利是否真的有善于踢球的遗传基因,但起码他的家庭从小就给了他一种热爱足球的狂热氛围。不过,与巴西成千上万的父母都是足球狂热分子的家庭相比,他的家庭应该没有太大的差异。再挖深一层,也许真正令贝利脱颖而出的原因,是他父亲退役后没有留在足球圈里当教练,而是去了一个从欧洲外派至巴西的富人家里,当上了家务总管,也因此,他父亲的收入比留在俱乐部做杂务总管要高,这使得他有钱买大房子,也不需要让贝利去当童工,还能供贝利去足球学校训练。要知道,在那个不工作就赚不到钱的年代，巴西有孩子的家庭通常会让孩子下乡或到工厂里上班来挣钱糊口。

后来，那个富人家里的富二代同样热爱踢球，要组队参加全国选秀比赛，恰巧贝利随父亲上班，他从那个富二代口中得知了这个消息，于是通知球友也组队参赛。比赛中，贝利大显身手，展示了独门"Ginga"脚法，一鸣惊人、光芒四射。虽然在决赛中，贝利所在的球队输给了衣着光鲜、靴甲结实的热门球队，但贝利还是被球探相中，并被推荐给桑托斯足球俱乐部（Santos FC），由此正式踏上职业球员之路。他与那位富二代一起，助巴西队在1958年首夺世界杯冠军，从此奠定足坛巨星的地位。

贝利式传奇令人兴奋，也为我们介绍巨星经济学的方程式揭开了序幕。

一个巨星的诞生

赢家通吃

The winner takes it all.

输家渺小

The loser standing small.

没有王牌

No more ace to play.

输家跌落

The loser has to fall…[①]

---

① 歌剧《妈妈咪呀》(*Mama Mia*)中改编自瑞典组合 ABBA 的名曲《赢家通吃》(*The Winner Takes It All*),道尽巨星一仗功成的残酷现实。

看了电影《一个明星的诞生》[①],我想到了近代球坛的那些天王巨星,自20世纪50年代的巴西球王"黑珍珠"贝利开始,多个球王陆续崛起,至2019年,按次数进行排列,当世的足球先生的前两名乃众望所归,他们是梅西和C罗。其间,世界见证了一个特别的经济和商业现象,即顶级球员以全球瞩目的身价,晋身为打工皇帝般的巨星。

有趣的问题是,巨星是如何诞生的?20世纪50年代,贝利在巴西桑托斯足球俱乐部首次登场,技惊四座,声名鹊起。到了70年代,他为巴西三夺世界杯冠军,成为球坛的历史巨人,他曾被广泛报道的收入是1975年的年薪约为160万美元(计入通胀因素约等于2018年的770万美元),而当时加盟美国纽约宇宙足球俱乐部(New York Cosmos)的顶级英国球员,其平均年薪仅为约1万美元(约相当于2018年的1万美元,因期间的英镑汇率缩水一半)。

不完全替代

贝利式传奇,或可用张国荣名曲《莫妮卡》中的一句"谁能代替你地位"作为概括。从经济学的角度,"无可替代"即"不完全替代"。美国著名的劳动经济学家、芝加哥大学的舍温·罗森[②],把

---

① 2018年电影《一个明星的诞生》(*A Star Is Born*),由帅哥布莱德利·库珀(Bradley Cooper)执导并主演,也是流行乐坛天后Lady Gaga担任女主角的首部电影。

② 舍温·罗森(Sherwin Rosen)是第一部分提及的诺奖得主理查德·塞勒的博士生导师。

这个通常用在产品或服务中的经济学概念，套用在了打工精英身上。

"不完全替代"，是指卖方出售的产品技术或服务水平超凡，对于买方（如消费者或球迷）而言，是稀缺的供应，而且买方在其他二三流的卖方身上找不到同等的满足感。[①]

若不信的话，可以试做下面这个心理测验：1958 年的世界杯决赛中，贝利梅开二度，巴西队以 5:2 打败瑞典队，这让作为球迷的你喜不自胜、手舞足蹈。如果说这场球赛带给球迷的满足指数是 3（即 5 减 2），那么进一步试问，你要怎样才能从瑞典队的比赛中获得与之相同的满足感呢？多看 3 场瑞典队的比赛，能否能代替看一场有贝利上场的巴西队比赛所带来的满足感呢？相信除了瑞典的铁杆粉丝外，一般的球迷肯定会说"不能"！

球技一流的贝利，其欣赏价值越不能被替代，其他二流球员的价值就越会被贬低，贝利这位超级巨星可通吃的"经济租金"（economic rent）就越大。

规模效应

一流巨星之所以能大大领先于二流球员，除了具备"无可替代"的价值以外，也得益于一点，即 20 世纪七八十年代以来，大众媒体借传播科技和商业模式的便利，将体育竞技以不同的形式带进了

[①] 罗森当时所指的巨星，以演艺界明星为主，同时包括小说作家、外科医生、金牌律师等职业人士，后来才聚焦于职业运动员。

观众的视线中。跨国媒体把足球赛事视为能生金蛋的母鸡，不惜成本，既搞现场直播，又制作特辑和赛事精华锦集，后来更有个别俱乐部推出了自家的频道，如曼联、皇马等。自古罗马帝国时期起，人们便有观看竞技的传统，几千年来，观众仍然乐此不疲。古罗马帝国时期的观众人数受限于斗兽场的座位数量，如今，日新月异的电子传播技术，让观看现场比赛的观众人数呈几何指数增长。对提供精彩戏份的内容供应者（如贝利）而言，用不着多加训练，甚至不用多打一场比赛[1]，便可以把几乎同等程度的娱乐性和满足感，通过电视或其他媒介传播给更多的观众，这就是"规模效应"。因此，20世纪50年代贝利通过全球电视转播所惊艳到的人数，与古罗马帝国时期的椭圆形斗兽场所容纳的数万人数相比，可谓天差地别。

从经典经济学的角度来说，巨星的"服务"与我们呼吸的空气一样，具有传统定义上的"公共物品"（public goods）的特性。大家可在同一时段看直播，在一定的技术和范围内，几乎没有"界外效应"，大家互不干扰，我观看这场赛事，不会影响你的满足感。而科技的进步和商业模式的创新，让"联合消费技术"（joint consumption technology）[2]越来越完善，使转播业务的资产和专利权能够清楚地被划分开，比如，有越来越多球赛的转播需要观众付费收看。由此，巨星的规模效应就会更大，而且，在市场上明明白白

---

[1] 有人称之为鲍莫尔成本病（Baumol's cost disease），即一种难以被提高的生产力，例如，天才小提琴家只有一双手，贝利只有一双脚。见 Krueger（2019）。

[2] 罗森在这里主要是指科技的影响，即由于便利的技术，越来越多人能"同场"观看赛事；而我们站在回顾的角度，认为商业模式的创新也同样重要。

地划分出了给巨星独享的"饼干",其体积也应该会越来越大。

巨星和一般球员之间,差之毫厘,失之千里。对买家(即观众)而言,一二流技术之间的分野与为观众带来的满足感间的差别是不成比例的。也就是说,分别由贝利和瑞典球员所组成的球队,两者的供应曲线弧度的差别非常大,个人技术上些微的差别,比如有无一次成功的脚后跟传球等,都会对收入构成极"不对称"的放大效应。

贝利等巨星借转播技术脱颖而出,这只是几道前菜冷盘,主菜还在后头。

0 与 1 之间

巨星的无可替代，再加上近 20 年源于 0 与 1 之间的 "洪荒之力"（借用中国国家游泳队运动员傅园慧之言），使赢家能通吃的份额越来越多，能剩下来给输家吃的份额也就越来越少。

0 与 1 所代表的自然是计算机语言。20 世纪 80 年代，个人计算机普及，当年颇具寓言故事意味的畅销书《第三次浪潮》[1]，道出了继农业革命的第一波浪潮、工业革命的第二波浪潮之后，个人计算机所带来的第三波浪潮。然而，个人计算机虽然给人一种山雨欲来的感觉，但真正具有划时代意义的变化发生在 2000 年左右，即个人计算机发展至移动通信设备，并融入互联网和社交媒体，渗入人们生活的方方面面。

---

[1] 《第三次浪潮》(*The Third Wave: The Classic Study of Tomorrow*) 由美国作家阿尔文·托夫勒（Alvin Toffler）所著，出版于 1980 年。

每个运动员由于天赋不同，与生俱来的能力有高有低，天赋异禀者自然具有领先优势，加上"无可替代"和"联合消费共享技术"等因素的影响，在给观众带来的满足感与他们的收入上，一流运动员和二流运动员之间相差悬殊。如今，这个差距更是受到个人计算机、互联网和社交媒体的催化，让梅西和C罗这等天之骄子所受到的超豪华待遇变得更加夸张和不可思议。

要理解"赢家通吃"如何愈演愈烈，不妨从我们日常生活中习以为常的"默认选项"说起。

我们为了方便理解自己和自己身处的群体（班级、小区、国家或种族等）之间的关系，从小就习惯于在这些群体中找出平均值作为一个衡量的标准，并会假设甚至"相信"这个平均值应该是个占大多数的、具代表性的数值。平均值以外的数值，尤其是极大值或极小值，在总体中都应该只占极少数，如此，在我们的潜意识里，自然会默认这些数值总体上呈一个"正态分布"[①]，如图14所示。

[①] 正态分布（normal distribution）是统计学中被广泛应用的概念，也叫常态分布或高斯分布，其中一个重要的基础是"中心极限定理"（central limit theorem）。在有足够的样本、样本是随机抽样得来、差异将互相抵消等条件下，样本的平均值基本上会符合正态分布，见Easley & Kleinberg（2010）。

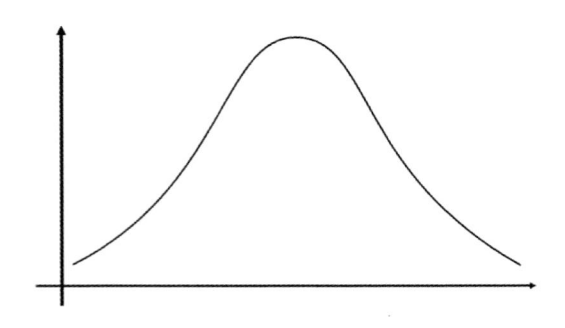

图 14　正态分布（吊钟）图

来源：作者制图。

姚明和正态分布

正态分布是一个吊钟形状的分布图（见图 14），它最重要的地方是中间的平均值，由于该平均值出现的次数最多，从而成为吊钟的顶部；而由中间的平均值向外（向左或向右）推移，数值越大或是越小，其出现的概率就越会呈"断崖式下跌"，从而成为吊钟左右向下急坠的曲线。[1] 这种吊钟形的分布，在考试成绩、人口普查等诸多方面都适用。

以我们熟悉的篮球巨人姚明为例。[2] 在一个人数足够多的群体中，大家的平均身高是 1.70 米，身高 2.29 米的篮球运动员姚明

---

[1] "断崖式下跌"只是个形象化的用词，较清楚的表达是"指数式的下跌"（exponential decay）；而在正态分布中，约 95% 的分布（即大多数的数值），会在中间平均值的 1.96 个"标准偏差"之内（即会接近平均值）。

[2] 这个故事来自风险投资大师、科技企业的推手、作家和教育家李开复。

突然走进来，该群体人员的平均身高就会被拉高，但由于群体人数原本的基数大，平均值就算被调整后也不过是 1.74 米，与之前比没差多少。这个例子说明了身高上的平均值、极端值和正态分布之间的关系。

上文是以姚明的身高来说明正态分布的适用性，但若换以收入来进行说明呢？那就不得了了！姚明的收入把中国其他职业篮球运动员的收入远远地甩在身后，其平均值仍然可以被拉高，但实际上群体内大部分的财富都是姚明的，其他人的收入只是个零头，平均值对他们毫无意义。[1]

幂律分布：小概率事件的颠覆性

这种非正态分布的例子所体现的规律，英文叫 power law，即"幂法则 / 幂律"，而这种分布就是幂律分布。幂律分布（见图 15）是一种极端不平均的、"富者越富"（rich-get-richer）式的、呈"L"形的分布，反映了极端值的出现率远高于在正态分布下的小概率事件应该出现的概率。

---

[1] 李开复以姚明的身高说明正态分布后，和许多论述正态分布和幂律分布的分野一样，都以比尔·盖茨的身家财富来解释幂律分布。

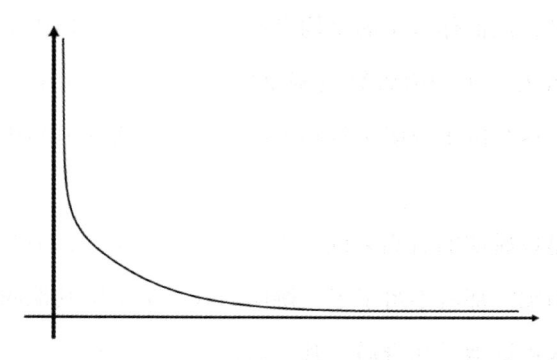

图 15　幂律分布（L 型）图

来源：作者制图。

这些大数值、极端值事件，又被称为"黑天鹅"事件——只要出现一只被认为不存在的黑色天鹅，就会产生颠覆一个体系的力量。[①] 出现次数多、概率大的"小事件"变得不太重要，只有那些出现次数不算太多的"极端事件"才是重要的；平均值没有太大的意义，因为已经没有预测性了；就算多取几个样本，也不会使整体趋向平均，反而会令分歧愈加明显。

除了球星收入的极端案例之外，社会上经济体之间的关系网络，如风险投资的集中回报[②]、商业战场博弈中垄断者的横行无忌、人与人之间的社交关系，以及因聚集效应而产生的病毒感染，都会出现幂律分布。

[①] "黑天鹅事件/难题"在古希腊的哲学讨论中便已存在；近年来，由于畅销书作家、社会现象学作者纳西姆·塔勒布（Nassim Taleb）出色的论述，这只"黑天鹅"又重新流行起来。
[②] Theil (2014) 以商业上的帕累托定律和风险投资的回报来解释幂律分布的广泛存在。

幂律分布适用于相关度高或者流行度高、呈动态分布且较为复杂的事件或趋势，如商业战场中的博弈（帕累托定律）、网络上的热点（网络红人）、收入情况（贫富不均）、城市人口密度（超级大城市的出现）、网站的链接度（超大型热门网站的形成）、畅销书的销量和战争中的伤亡数字等。[①]

[①] Easley & Kleinberg（2010）以"富者越富"来形容幂律分布；Krueger（2019）视帕累托定律为幂律分布的一个例子。

富者越富

在体坛，富者越富虽然不是新鲜事，近年却有愈演愈烈之势；运动员的收入差距究竟有多大，巨星与一般运动员的工资的分布又是怎样的呢？

以绝代双骄梅西和 C 罗为例，他们两人几乎将近 10 年的世界足球先生奖项尽数收入囊中，别人只能望其项背。梅西这位天王巨星在 2018/2019 赛季拿到的基本工资是 5000 万英镑；而俱乐部财务报表披露，第一梯队的 23 个球员在这个赛季的基本工资共计 2.3 亿英镑，平均每人 1000 万英镑。但扣除梅西的 5000 万英镑后，22 个第一梯队球员这个赛季的平均工资"只有" 820 万英镑。也就是说，其实，第一梯队球员中大部分人的工资都低于平均工资，超高薪球员的工资越高，其他第一梯队球员的工资就越低，这正好把幂律分布的真相揭露出来。

幂律分布是"赢开有条路"[①]

幂律分布所反映的赢家通吃现象,其实有点像俗语中所谓的"赢开有条路"。在这个视角下,一个长跑比赛是由多个短跑比赛组成的,其中的关键是前一个短跑和下一个短跑的赛道之间原来是有依赖性(惯性)的,好像有记忆似的,前面比赛中的赢家会把这种"记忆"带到下一场比赛中,前面的小胜仗会为赢家制造一个小的优势。这条"积短成长"的跑道,对赢家而言,是越来越宽、越来越顺的,而对输家来说,前途则越来越狭窄。

因此,用"富者越富"来形容幂律分布,似乎挺适合的。足球运动员(如贝利、梅西、C罗)、篮球运动员(如姚明)在身高、速度和技术上,与平均水平的球员虽有差异,但由于受客观规律的约束,这种差异大致上服从正态分布,超极端值出现的概率(比如,足球运动员在一场球赛中一个人射入10个球的概率)微乎其微。但是,他们之间的收入差距却服从幂律分布,极端值(如平均值的10倍或更多倍)出现的概率远远高于其收入服从正态分布时的情况。

在前文提及的电影《一个明星的诞生》中,由Lady Gaga饰演的女主角,从一个餐厅服务员摇身一变成了乐坛巨星,却间接导致

[①] "赢开有条路"是广东俗语,意为开局开得好,后面会一直顺利。作为社会科学和经济学术语,path dependence 一般译为"路径依赖",这里以俗语"赢开有条路"作为其中的一个解读方法,取其娱乐性和草根性。

了她的帅哥男朋友——那位一手捧红她的音乐制作人兼二流歌手的自杀。

巨星和流星,哪怕曾爱得轰轰烈烈,之间还是有一道难以逾越,甚至生死相隔的鸿沟。

"我们"的巨星

如果说我是巨星，那也是你们把我追捧成巨星的。

If I am a star, the people made me a star.

——玛丽莲·梦露[1]

移动网络的发达和生活中的泛社交媒体化，令巨星赢得更"离谱"，幂律分布颠覆了许多社会默认选项；而"我们"有多重身份，其中裁判官的身份也许是最重要的。

---

[1] 引自传记电影《玛丽莲·梦露之谜：首次现世的录音》（*The Mystery of Marilyn Monroe: The Unheard Tapes*）。

复制的力量

巨星,是作为粉丝的我们每天上网搜索和关注的热点,巨星的热度是网络研究里一个重要的案例,探究热门网站和巨星的个人社交平台是如何火爆起来的,其中的路径极有商业价值。

一项以互联网链接来衡量流行程度的研究指出,在浩瀚的互联网世界里,网站间的相互链接符合幂律分布,而不符合正态分布,有很多外部链接的极热门网页,其出现的概率远高于正态分布对这些极端值的出现概率的预测。[1]

焦点巨星或极热门的大型网站之所以愈演愈烈,也许是因为"我们"爱好"复制"、重视"评论"。该研究发现,在互联网繁衍的过程中,网站要做大就要建立链接,方法有二:一是链接一个个已存在的网页,二是复制其他网页已有的链接。实证发现,大部分网站选择了第二种方法,而这一行为的意义在于,我们撇下了一个个网站,却把其他网页已有的链接和评论照单全收。简单来说,是因为"我们"愿意拷贝,爱用快捷方式,使重复的链接越来越多,最终的结果便是,"复制评论"让一开始只有少许热度的网页,链接上了越来越多的"结",最终成为超大型网站。

---

[1] 根据伊斯利和克莱因伯格的研究,$1/k^2$ 是有大量链接的网站出现的概率,以一个有 1000 条对外链接的中等热门网站为例,这个网页就有一百万分之一的出现概率,而在正态分布下,该网站出现的概率是极小的,因为该概率符合的函数次方是 1024 自乘 100 次[见 Easley & Kleinberg (2010)]。据此研究,艾伦·B. 克鲁格(Alan B. Krueger)揭开了好莱坞摇滚巨星炙手可热之谜。

巨星的成就谁说了算

巨星是成就的代名词。成就包含两个方面，分别是内在的和外在的。内在的成就，由个人自己厘定，是个人实现自我升华的里程碑，比如，贝克汉姆每天会在集体训练结束后，用挂上车胎的球门练习射门；伊布拉希莫维奇在膝关节受伤后，刻意要求用上半身做"地狱式训练"；业余足球运动员要求自己在每次比赛中跑够多少步，这都是被内在成就推动的行为。内在成就真实存在，却因人而异，难以衡量。

与此不同的是，外在成就是个人（球员）对群体（球队）的贡献或比较中的成绩，是集体性的。在这个视角下，巨星是什么？是带领球队夺得三届世界杯冠军的功臣，是破门无数的神射手，是能以一敌百的中坚铁卫，是俱乐部老板愿意为其支付巨额工资的宠儿，也是广告商出天价赞助的吸金之王，更是在网络上有成千上万关注者的流量达人，这些巨星有一个共同点：他们的成就是对于一个共同体而言的。

对球员来说，你的脚法好、天分高，是内在成就，但如果你不能为球队取得胜利或阻止球队丢球，就没有老板愿意出高薪厚禄来请你，你吸引不到品牌赞助，也没有粉丝关注，那你的内在成就就不能转化为外在成就。① 所以，成就不只是"你"一个人的事，也是

---

① 个人成就包括内在的和外在的，内在成就既包括个人能力又包括成绩，只是脚法好不一定就有成就。

"我们"的事，是由一个群体共享的意念建构的，我们每一个人都能定义"你"的成就。

如今，巨星的成就比过去要大得多（见图16），这是因为"我们"复制和评论的速度，在网络和社交媒体的"标签""点赞"及其背后的算法的推动之下，正变得"无穷无尽"。

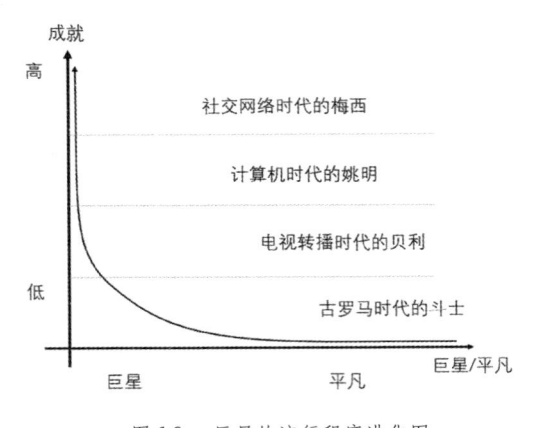

图 16　巨星的流行程度进化图

来源：作者制图。

巨星是"我们"造就的，真实的人际网络和虚拟的数码网络，也许才是决定巨星成就的裁判官。

谁是天才

达·芬奇、莫扎特、达尔文、居里夫人、爱迪生、爱因斯坦、史蒂夫·乔布斯（Steve Jobs）、埃隆·马斯克（Elon Musk）等巨星有何共通之处？耶鲁大学音乐学院教授克雷格·莱特（Craig Wright）说，他们都是天才。克雷格还认为，天才与否，取决于时代作何叙述，"我们"每一个人都可以定义天才。

莱特自小便苦练古典钢琴，不过他自认为天资有限，达不到演奏级别，于是去哈佛大学读了个音乐博士，后来在耶鲁大学当老师和研究员。除了教音乐之外，自 2006 年起，莱特还自行开发了一门名为"追寻天才的本质"的课程，这门课让他广受瞩目，成为学生首选、家长追捧和媒体热访的明星级老师。

天才的 14 个要素

与本书以归纳法只聚焦成就方程式中的运气和技艺两个元素不同，莱特在他的新书《天才的关键习惯》（*The Hidden Habits of Genius*）里，试图从众多巨星中找出天才的轨迹，并将天才所具备的品质依次列出：热爱工作、不屈不挠、原创性、想象力、好奇心、专注力等。这些元素，由于结构和成分因人而异，且对如何成才的机制也没有准确的说法，故不易从自然或社会科学的角度来进行评论，但是莱特对天才的定义与我们是同声之应。

莱特指出，从公元前 700 年起，古希腊人就对天才的成因感到好奇。"天才"在希腊语中为"daemon"（魔鬼或灵异），拉丁文则为"genius"（守护人的灵魂），法语为"génie"（精灵），后来才演化成了今日英文中的"genius"，意为"天才"。

其中，每个时期都有不同的人物因为不同的成就而被称为天才。中世纪在天主教廷的统治下只有凤毛麟角的几个天才，文艺复兴时期突然涌现了达·芬奇、米开朗基罗、莎士比亚等几位跨时代的巨星。克雷格认为，他们之所以在这一时期蜂拥而至，并非因为前面是"黑暗世纪"，或是上帝吝啬没有赐灵光给不太圣洁的教徒，而是因为中世纪的话语权在罗马教廷手中，罗马教廷向来把一切荣耀都归到少数主教身上。文艺复兴将教政分离后，天才精灵才散落到一个个凡人的头上。而到了近代，天才又从爱因斯坦这位比较强调个人主义的发明家，演变成了爱迪生的创意工厂里一个个活跃的小团队。到了今天，许多诺贝尔奖都颁给了由多人组成的团队，天才之称由个人转移至团队。

大时代决定天才

由此，莱特指出，天才的定义，实际上是随着大时代的话语权和氛围而演变的，天才是时代的产物，"我们"认为谁是天才，谁就成了天才。虽然有人可能会说，天才身上应该具有永恒和绝对的元素，但莱特表示这种说法站不住脚——你不妨试试在尼日利亚的大街上播放天才音乐家莫扎特的名曲，看看是否有人会产生共鸣。他也指出，自古希腊以来，包括爱因斯坦对地心引力的解释在内，只有4个科学发现是至今仍然未被推翻的。

所以，是我们的时代定义了天才。用网络语言来说，是大家的"点赞"和"关注"，决定了谁是天才。

乔治·贝斯特：球神的蜕变

在乔治·贝斯特的足球生涯结束后，他的传奇故事并未戛然而止，甚至在他离世后，他的故事仍然在不断地发酵。2017年，BBC著名的传记系列片导演为他制作了一部"定义性"的纪录片，名为《乔治·贝斯特：独自一人》(George Best: All by Himself)。2018年，英国电视频道的某个关于足球的节目选出了有史以来的最佳足球运动员，其中贝斯特位列第四，是英伦三岛的第一人。①

贝斯特15岁出道，17岁成为职业球员，很快就成为封面人物。关于他的那部纪录片中有不少他进球的镜头，就算是今日看来，仍然是令人惊叹的，包括在1966年的欧洲冠军杯上，在英格兰曼联对葡萄牙本菲卡足球俱乐部（S.L. Benfica）的四分之一决赛中，他凭一人之力扭转乾坤，头顶脚踢，独中两元，被形容为"定义性"

---

① 其他几位的排序为：贝利第一、梅西第二、C罗第三、马拉多纳第五。

的时刻。冥冥之中似有天意，两年后的 1968 年，在英国本土的温布利球场上，他竟打了一场力拔山河之仗。年仅 22 岁的贝斯特获得了欧洲金靴奖。加时赛第 3 分钟的进球尤为精彩，只见贝斯特扭动蛇腰，在连续骗过后卫和守门员之后，轻松潇洒地让足球"慢流尾袋"，让包括外号"黑豹"的尤西比奥·达·席尔瓦·费雷拉（Eusébio da Silva Ferreira）在内的本菲卡队犹如泄气的皮球。不过，1968 年已是贝斯特足球生涯的巅峰，此后的他深陷纵欲和酗酒丑闻之中，令人惋惜。1972 年，贝斯特第一次宣布退役，时年 26 岁。

贝斯特的故事虽然令人唏嘘，但从"巨星经济学"的视角看，倒有几个重要的解读。

脚下功夫反映社会经济

从当时的社会环境来看，乔治·贝斯特毫无疑问是无师自通的天才。在今日，就算斥巨资、请名师、读名校，都很难有人可以复制他的"爆红"。贝斯特在采访中说，他和当地的小朋友一样，因为家境贫困，没什么娱乐，足球是最好的、唯一的消遣，他们每天都会雷打不动、全心全意地享受下课后那数小时踢球的时光。当年，无论是贝尔法斯特还是曼彻斯特，城市风貌都很朴素，足球是当时劳动阶层的快乐源泉。相比今日，无论是成人还是小朋友，我们的娱乐选项都太多了。

贝斯特 15 岁那年，初生牛犊不怕虎，和友人结伴坐数小时的火车和飞机，要去曼联的青训班一试身手。对手各个人高马大，若换成今日拥有太多选择的小朋友，很可能一早就打了退堂鼓。不过，瘦削单薄的贝斯特从小就在街头巷尾踢混龄球，练得一身过关斩将的功夫，往往能于千钧一发之际闪躲而过，就像喉咙擦过剃刀边缘，又似一叶轻舟冲破惊涛骇浪。

成为巨星

伦敦政治经济学院博弈论大师兼西班牙球队顾问帕拉西奥-胡尔塔曾指出，贝斯特最特别的地方在于，他最先把足球运动员推至媲美流行文化巨星的级别。贝斯特蹿红于1966年至1968年，正好是"披头士"风靡欧美、盛极一时的年代。好个贝斯特，不需要万人空巷的选秀赛，也不必征得经纪人同意，1966年他以"7号"球员的身份，单凭一双脚便在欧洲打垮了对手。回程下飞机时，贝斯特只戴了一顶白底花边的墨西哥大檐帽，配上懒洋洋的笑容，第三天的报纸头版便以"El Beatle"（"那个披头士"）来形容贝斯特，并推举他为披头士的第五人（The Fifth Beatle）。

贝斯特像龙卷风般俘获了海量粉丝，成为流行巨星，与他齐名的不再只是球星，更有包括美国滚石乐队（Rolling Stone）、猫王埃尔维斯·普雷斯利（Elvis Presley）等在内的天王巨星。贝斯特的影响力跳出了劳动阶层和体坛，俘获了自诩为嬉皮士的中产阶级，成为一个令女士神魂颠倒、令男士"羡慕嫉妒恨"的跨界巨星。

贝斯特因而成了近半个世纪以来第一个真正把运动明星的个人品牌商业化的人，那部纪录片里有这样一句话："贝克汉姆应该好好感谢贝斯特。"贝斯特从葡萄牙回国之后，广告代言合约便纷至沓来，有与运动有关的商品（如运动鞋），也有与运动无关的商品（如鸡蛋、零食、牛肉罐头、酒、剃须刀、扑克牌、汽车等），虽不比今日的流量明星，但堪称这些人的开山鼻祖。

国际巨星的魅力

贝斯特的魅力不仅征服了英国和欧洲，他还是第一代国际球星，是飞越大西洋、登上美国这个世界体育和娱乐业第一大舞台的人。贝斯特是在多番令人忍俊不禁的"挂靴"之后，为了生计，也为了逃避"狗仔队"，才远赴美国的；此时贝斯特31岁，贝利35岁、约翰·克鲁伊夫（Johan Cruyff）31岁、弗朗茨·贝肯鲍尔（Franz Beckenbauer）32岁，相较于这些人的平均年龄，贝斯特仍算是在当打之年。他像浪子般空降洛杉矶、佛罗里达和加州湾区圣何塞（San Jose）等地的俱乐部。而他于1981年在圣何塞的一个进球，还被选为"百威啤酒年度金球"——只见贝斯特在中场发起进攻，左右摆动，连过5人，在守门员扑倒前一脚将球抽射入网，成为不少球迷心中的"贝斯特之最"（Best of Best）。

晚年的贝斯特魅力虽减，但其吸引力仍无远弗届。1982年，他因为离婚之痛，有了速离伤心地的想法，刚好在经济起飞、被誉为亚洲四小龙之一的中国香港,认识了"世界上首位女班主"——人称"琴姐"的陈瑶琴。据称,琴姐自掏腰包,请贝斯特为海蜂和流浪俱乐部效力,他踢了3场比赛。

2005年,59岁的贝斯特结束了与肝病的经年作战,撒手人寰。但贝斯特用他独特的迷人风采,开启了他身后一浪接一浪的巨星年代。

名利场的另一面

赋能，可以在一定程度上解决当下社会中压力过大的问题。不过，切忌盲目赋能。郑秀文的流行曲《星秀传说》固然其志可嘉，却未能产生强烈的反响。一众以盈利为目的的教培机构和偶像训练营常以"人人都是优才生""你就是巨星"等作为宣传口号，却总是会忽视统计或逻辑上的矛盾——如果人人都是巨星，又何来"巨星"？

其实，巨星真的那么值得大家向往吗？许多过来人的辛酸苦辣并不为外人道。

名利场的工具

中国香港第一代中文流行歌神许冠杰，1972年毕业于香港大学心理系。他创作的不少歌曲都充满了正能量。他教育男孩子用心温习功课，不要"挂住拍拖"（天天想着谈恋爱）；告诫女孩子"青春一去空悲叹"，劝大家不要"埋没了天才"。虽然他告诉人们，遭遇挫折后再来一次就能"腐朽化神奇"，但也没有忘记提醒大家，"被银灯照"的歌者，也许不过是"傀儡"，为自己和老板"求名利一世做工具，他朝跌倒可怜寄望谁"。

许冠杰和为他填词的拍档黎彼得惯以调皮的方式咏唱警世箴言，但他们的后辈歌手陈百强却是以身教的方式感动了歌迷。陈百强借徐日勤的歌词告诉大家，偶像"有几多悲伤，有几多惊慌"，"天天心中都背负重量，每一分偏差，全受到注望……他的一生包括泪与汗"。因此，1993年至今，不少"偏偏喜欢他"的歌迷只好眼泪在心里流。

也许在"时代的广场"上，许冠杰、陈百强等巨星的真心话不太容易被领会，粉丝、经纪人和造星经济所需要的，始终是"下一站天后"。因此，当少女组合Twins中的阿Sa、阿娇，以稚嫩的嗓音唱出黄伟文颇有寓意的歌词"华丽的星途,途中一旦畏高……人气不过肥皂泡"时，她们也许还没有意识到，原来能在铜锣湾的百德新街上与男友手牵手的邻家女孩，才真正地"顾盼自豪"。

平凡和阴暗

有道是"吃得咸鱼抵得渴"，贵为天王巨星，固然会有名有利，自然也要遵守游戏规则，这是场公平的交易。但是，真的公平吗？朱莉娅·罗伯茨（Julia Roberts）在1999年的电影《诺丁山》（*Notting Hill*）中饰演一位家住洛杉矶比弗利山庄的电影明星，当她在伦敦诺丁山的小书店向书店老板示爱被拒时，也和其他女孩一样，强颜欢笑地挤出一句："我也不过是一个平凡的女孩，现在站在男孩面前，请求被爱。"明星想做回普通人，还可以吗？

同样无法回头的，也许是芳华绝代的梅艳芳。成为天后之后，阿梅时常绯闻缠身，为盛名所累，一直无法找到归宿。在身患绝症的最后的日子里，她强颜欢笑，坚持要披上婚纱，在红磡舞台上，"孤身走我路"，一直走到阶梯的尽头，喟然叹道："今晚……我将自己嫁给了舞台……"

今日流行的网红、关键意见领袖（KOL）在直播经济下争分夺秒，大小主播都惧怕自己昙花一现，为保人气还要费尽心机、别出心裁。网红作家为每天的小说连载茶饭不思，连洗手间都忘了去，以致闹出笑话，这种事时有发生。

耗时3年、将真人实景与3D动画相结合的奇幻电影《刺杀小说家》，2021年春节票房超过9亿人民币。电影的主角之一就是一个在网络上爆红的小说作家——一个身处闹市、说一口流利重庆话的宅男，他无端引来了疯狂粉丝的贴身追踪和企业狂人的歹心行刺，因此命悬一线。

电影当然是虚构的，但在电影的背后，今日的那些网红为爆红而付出的血泪却是真实的,且在不断地滴淌。

面对如此阴暗的情况,你还想做巨星吗?

(请猜猜本文提及了哪几首歌?[1])

---

[1] 本文所涉及的歌曲:《星秀传说》《学生哥》《尖沙咀Susie》《应该要自爱》《腐朽化神奇》《傀儡》《偶像》《偏偏喜欢你》《眼泪为你流》《下一站天后》《芳华绝代》《绯闻中的女人》和《孤身走我路》。

梅西的运气

球王梅西的脚下功夫和盘带射门犹如魔法大师，他的绝技是在人马杂沓的敌阵之中，如穿花蝴蝶，从匪夷所思的角度，制造刁钻古怪的进球。然而，他射点球的成功率，比一般职业球员的平均成功率也高不了多少。点球，正好可以见证运气是如何对技艺施予干涉的。

为了让大家有更直观的了解，我们用足球和篮球做个对比。在足球比赛中，足球会长时间在草坪上滚动，要与草皮、泥沙和风雨互相摩擦；而在篮球比赛中，篮球处于恒温条件下，并且是在平坦的人造地板上瞬间弹跳。相对而言，足球似乎要受到更多外在环境因素的影响。

我们再以篮球和足球的定点罚球做个对比。请你闭上眼睛，脑中浮现出你心仪的篮球明星，试想一位技高一筹的篮球巨星，他在罚球点平稳地站立，拍几下篮球，把目光锁定在眼前的篮筐上，然后深吸一口气，不急不慢地举起手，让篮球在手心停留片刻，掌心与篮球的接触面不多也不少，随着其手臂、手腕的挥动，篮球被轻轻地推出，脱离最后一根手指之后，篮球沿着一条鹅蛋状的抛物线飞向篮板，中间没有任何物理上的干扰，只有场内观众的凝视，然后"咻"的一声，篮球穿过了原本纹丝不动的篮网。

现在请你稍作休息，喝一口水，回来后继续闭起双眼，想象梅西要射点球。你"看到"梅西在点球的位置上摆好足球，为了让球稳定在草坪上，他要用左脚在凹凸不平的草坪上轻跺几下，弄出一个小土窝。放好球之后，梅西站直身子，向后倒退几步，然后舒一口气。

这时，梅西的眼睛却没有锁定球门，因为他不想让守门员猜到他将把球射向哪里。守门员，正是球和门网之间的搅局者，不断地左右摇晃，发出干扰信号。其实梅西久经沙场，早已把球门的大小、球门与点球位置之间的距离等，深深地刻在了自己的肌肉细胞中，就算他闭起双眼，也可以完成整套动作，问题是，他不知道守门员会扑向哪边，他也得琢磨"当你知道我知道"这个博弈论中的问题。忽然间，哨声响起，梅西碎步飘向足球，右脚踩在足球旁松散的泥土上，右臂向前划了个半圆，左脚拉满弓抽射，脚的内侧与那只沉默的足球轻轻触碰，球便弹向球门。不料守门员凑巧猜对了方向，刹那间纵身扑向球门死角，以猿猴般的长臂把急速飞驰的足球拍出底线……

这就是运气对技艺的干扰。如果足球像篮球那样没有守门员，那么梅西能否射入点球，就会像篮球运动员一样，技艺——包括眼、手、脚的协调和球员能否在压力下保持稳定的心理素质等因素——对成功进球的影响的比重可能会比较高。[1] 如果所有条件都一样，却多了个守门员，那就等于在因果之间加了一道外力，守门员的身高、反应和判断，都不是梅西可以控制的。所以，能否射入点球，以梅西的技艺水平，也只能做到"在大部分情况下可以成功"的地步。数据显示，梅西射点球的进球率约为72%（C罗约为81%），这也意味着他有超过1/4的概率将会徒劳无功。其他条件不变的情况下，如果守门员扑错了方向，就是梅西走运；如果扑对了，就是梅西运气不够。[2]

　　再者，就是要看会不会遇上一个超级守门员。运气差也有不同的程度，一个身高1.70米、身手平凡的守门员，和一个身高1.90米、矫若游龙的超级守门员，给梅西的技术所带来的干扰不可同日而语。梅西要是运气较好，遇上前者，在其他条件不变的情况下，进球率肯定比遇上后者时要高。

　　足球比赛的过程是技艺的较量，但赛果却会充满意外。运气，不论是好运，还是歹运，都是决定成功与否的一大元素。[3]

---

[1] 根据Beilock (2010) 总结，50年以来NBA职业球员的罚球成功率是75%；而根据Adame & Tahara (2020) 总结，顶尖篮球运动员罚球的成功率是86%至91%，其中第一名是史蒂芬·库里（Stephen Curry）。

[2] 梅西和C罗的点球数据来自 www.transfermarkt.com。

[3] 梅西射点球、没有守门员、有守门员和有好的守门员等假设，受到Mauboussin (2012) 的启发。

连专家的预测都要计算运气?

运气,即"偶然""意外""突发事件",普遍存在于社会中的各个领域。在足球场和其他运动场上,到处都可见幸运之神的踪迹,近年流行的大数据,让我们更有机会捕获其芳踪。

很多球迷或观察评论家都会说:"呸!这有什么稀奇的,运气当然重要,谁不知道?"可是,嘴上说知道,只是一种理性认知的表现,近年有越来越多的研究发现[①],人们的行为,并不一定是从(狭义上的)理性思维出发的,有许多行为是被直觉、印象,或经验法则驱动的。也就是说,在思考运气和技艺之间的关系时,我们的大脑表面上会理性地同意运气的重要性,但在行动或决策时,又会不经意地用直觉的快思代替细心的慢想,其结果就是,我们总

---

① 第一部分中提到,行为学家卡尼曼以"快系统"和"慢系统"来归纳人们的两种行为:快系统基本上以快速直觉、自然反应作为行为决策的基础,而慢系统则以细心反省、专注而缓慢的思考系统作为决策的基础。塞勒则以与之类似的"行动者"和"计划者"来对人们的行为进行归纳。

以为技艺能代表一切，总认为技艺或能力是所有球员、领队、球队、俱乐部，乃至社会组织或企业成功的主要条件。

足球发烧友当然希望球赛赛果及球队战绩，都是优胜劣汰的结果。因为只有这样，俱乐部老板才会相信，只要砸重金买下最佳球员，球队便可以拿到好成绩；领队便可以拿着过去的业绩来跟老板谈条件；经纪人才可以用球星过去的进球数或表现来跟球队谈合约；球员才会相信夜以继日的操练会让他成就万千……试想，如果他们卖的是运气，那还会有以上的因果关系吗？[1]

"运数"方程式

虽说赛果与运气有关，但只说"运气重要"也太虚无缥缈了，要说清楚如何重要、在什么情况下重要、对哪些人或队伍重要，这才有意义。运气有多重要？有学者认为，运气占成功因素的50%！

足球圈的生态里，有不少以卖数据为生的人，他们是计算输赢概率的大数据能手和数据供货商，也是整天与运气打交道的专家。下面就以学者针对这些专家的工作所进行的研究来说明运气是何等重要的。

计算赛事输赢概率的数据能手以预测能力为营役，他们的格言

---

[1] 这里并不是说精明的俱乐部老板和广大的球迷不知道运气的决定性，重点是有理性的认知是一回事，但人们现实中的行为却是另一回事。事实上，人们有更多的行为是以直觉驱动的，会以为技艺或一些过去的成功条件，就是主宰未来战果的决定因子，甚至是充足因子。

就是放大赢面、管理衰运。试想，如果大家对赛事输赢的预期一致，那就无须预测。正因为各人有不同的预期，比赛双方都有赢的机会，才有对手，才有预测能力的高下之分。与掷硬币不同，影响球赛输赢的因素有很多，硬币只有两面，在没有人做手脚的情况下，输赢机会各半。而球员自身的状态、主客场战术，甚至裁判是谁，都会影响赛前评估。但其中任何一个因素又都不足以决定战果，这才是在对足球赛果的预测中最具挑战性和吸引力之处。

想要评估"运气"如何体现在预测赛果的计算上，就得看输赢的概率。输赢因素（球员状态、伤病情况等）是各个预测者（专家）在赛前给出的概率的基础，而这些概率正是这些专家对一场球赛输赢结果的预测，是可以用数字表达的指标。当热门球队、大众预期较高的球队果真胜出，可理解为它是靠技术击倒对手的，而非运气；同理，冷门队伍在赛前各项技术指标明显落后的情况下输掉了比赛，也是正常的战果，谈不上运气好坏。

若技术等综合条件占优的热门队伍在概率高、赢面大的情况下败北，同时又没有黑幕，并且赛前信息完整，那么该热门队伍应该就是运气奇差，才会输掉比赛。相反，对于爆冷胜出的冷门队伍，大家应该都会说："真走运！"[1]

如果参赛两队的技艺等条件旗鼓相当，那么其输赢的概率应该相近，想赢就得靠"临场发挥"，这就要看"运气"了。

---

[1] 当然，刚巧正确地预测到赛果的球迷，此刻可能会自夸眼光独到，觉得自己猜中赛果与幸运无关。

专家也怕输掉运气

有两位美国学者写了一本奇书,书名叫《数字游戏》(The Number Game),其中有一项很有趣的研究。他们归纳整理了20家专门预测赛果的公司对2010—2011年的多项大型赛事——英超、西甲、德甲、意甲、法国足球甲级联赛(French Ligue 1,简称"法甲")、NBA、NFL、美国职业棒球大联盟(Major League Baseball,MLB)等——进行预测后的结果(即赛前预测的概率),最终发现:

专家们在赛前所预测的热门队伍的胜出概率,平均数只有51.2%。也就是说,哪怕专家们眼光独到,并且热门队伍也有较佳的技术指标,其胜出的概率也不过是略高于50%,余下近半的概率要凭运气。相比之下,MLB中的热门队伍,其平均胜出概率则达到80%。换句话说,足球强队的胜出概率仅比掷硬币决定胜负时50%的概率高出1.2%!

图17 由纯技术到纯运气

来源:作者受 Mauboussin(2012)的启发后制图。

该研究还显示,足球赛事中,赛前胜出概率较高的热门队伍,在赛季中实际胜出的比例仅为 65%，不足 2/3。[1] 而其他球类运动，无论是篮球、棒球还是美式橄榄球，其热门队伍在赛季中均打赢了 70% 以上的比赛，篮球热门队伍的胜出概率更是高达 80%。

这说明什么？两位学者的总结是，作为预测足球比赛结果的专家，在对各个队伍和球员技艺有足够的了解且信息充足（不然，他们早就被市场淘汰了）的情况下，他们赛前对热门队伍胜出概率的预测也仅略高于 50%，而从事后的赛果可以看到，热门队伍在超过 1/3 的赛事中反而会被打败。[2]

---

[1] 还有另一项相关的研究，从英格兰足球总会 1888 年、美国职业棒球大联盟 1901 年起计，综合 30 万场比赛的数据，结果显示，胜出概率较低的球队爆冷的机会为 45.2%。

[2] 德国慕尼黑工业大学的马丁·拉姆斯（Martin Lames）教授是欧洲顶级球队拜仁慕尼黑的专家顾问。拉姆斯总结了包括世界杯在内的赛事中的超过 2500 个进球，统计了 6 个涉及运气的元素在这些进球中的分布情况，如进球过程中是否曾擦到守卫改变方向、是否撞门柱、守门员是否碰过球等。结果是，有 44.4% 的进球带有运气成分，曾获得幸运女神的眷顾（球改变了方向或擦门柱而入等）。

运气属于技术"接近最好"的人

畅销书《赢家通吃的社会》（*The Winner-Takes All Society*）的作者、美国康奈尔大学的经济学家罗伯特·弗兰克（Robert Frank），在其新作《成功与运气》（*Success and Luck*）中解释了运气在运动项目和大型选拔赛中的影响力。

运气是破纪录的脚注

弗兰克用一个表格直观地展示了一个有意思的事实——截至2017年，8项田径世界纪录中，竟然有7项是在顺风的情况下产生的；剩下的1项纪录是在零风速的情况下出现的。这也意味着没有一项田径世界纪录是在逆风的情况下产生的。[1] 顺风、无风或逆风，在正常情况下，应该不是任何一个运动员可以控制的吧？

运气，是不是应该成为奥运会破纪录名册的脚注呢？

利用涉及因果分析的系统研究方法，弗兰克用模拟实验进行了一场巨型新秀选拔赛。在这场犹如职场中的大型面试的计算机模拟选拔赛中，论输赢只是依据选手在项目上的客观表现，而客观表现只有技术和运气两个元素，技术指数和运气指数都是从 0 至 100 的数值，如果技术指数为 0 分，则表示该项目丝毫不在乎技术；反之，技术指数越高，则表示该项目对技术的要求越高。运气指数同样如此。

技术指数和运气指数之间没有因果关系，因为"运气"是外部的，本来就无法捉摸。不过，两者之间却有此消彼长的权重之分，比如，若把技术的权重设为 95%，运气则为 5%。最后结果是赢家通吃，即一场比赛只有胜和败，胜的一方能拿到所有分数，或者能获得唯一的晋级资格，又或者能取得唯一的职位；输家只能得 0 分。仔细想一想，其实大部分体育赛事都是如此，每次比赛，不都是只有第一名才最受关注吗？

---

[1] 顺风时打破纪录的比赛项目是：男子 100 米短跑、110 米跨栏、跳远和三级跳，以及女子 100 米跨栏、跳远和三级跳；零风速时打破纪录的比赛项目是女子 100 米短跑。

技术 VS 运气

研究团队用计算机模拟出了在技术和运气权重不同的情况下所得出的成绩，这种模拟也可以把参赛人数由 2 人增加至 10 万人。其中颇具代表性的模拟结果显示，在一场有 1000 人参加的选拔赛中，假如技术和运气的权重是 95% 和 5%，那么，技术指数高达 99.9 分（接近完美）、而运气指数 50 分（运气一般）的候选人，其技术和运气的合成指数就是 97.4 分。[1]

可是，在前 10 名技术指数都达到了 99 分及以上的优秀选手（包括那名技术指数为 99.9 分的选手）中，有一位运气最佳的选手（我们预估他的幸运指数为 90.9）[2]，在权重配比与那场 1000 人的选拔赛相同的情况下，这名"技术不错且非常幸运"的选手，其技术和运气的合成指数达到了 98.6 分[3]，刚好足以打败上述那名"技术最好、运气一般"的选手。

如果从另一次或许更接近现实的模拟来看（见图 18 和图 19），在一场有 10 万人参加的比赛中，假设把运气的权重下调至 2%，98% 的权重是技术，我们会发现，比赛中最后的赢家，平均具有 90.23 分的运气指数，也就是说，赢家是个技术好的幸运儿，而参赛人数越多，最后的赢家的运气指数也就越高。此外，在这个前提

---

[1] 0.95*99.9+0.05*50.0=97.4。
[2] 平均而言，在某个参赛组（人数为 N）之中，最优或最幸运者的平均指数是 100*[N/(N+1)]，所以才有 100*(10/11)=90.9。
[3] 0.95*99.0+0.05*90.9=98.6。

下（即运气的权重为2%并有10万人参加比拼），在各轮选拔赛中，约有78.1%的赢家，其所拥有的技术指标，与同一轮的对手相比，并不是最高的。换句话说，超过3/4的赢家只是依靠较佳的运气，在该轮选拔比赛中，打败了技术指数高于他的对手。

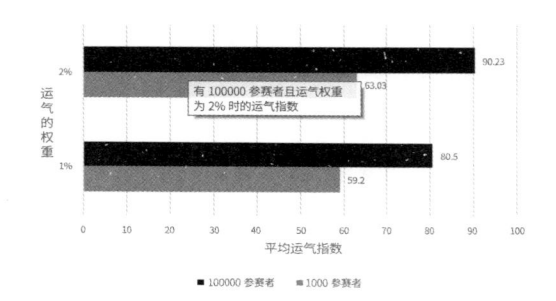

图 18　赢家的平均运气指数

来源：数据来自 Frank（2017），由作者制图。

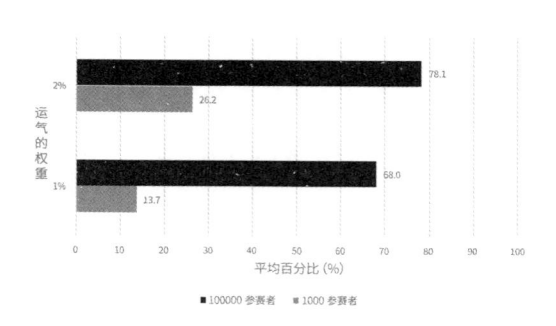

图 19　靠运气的赢家占比

来源：数据来自 Frank（2017），由作者制图。

运气留给有准备而"接近最好"的人

在这些数字背后,有什么样的逻辑和机制呢?

直观上的解释是:第一,就算运气占输赢的成分很低(如2%),但运气就是运气,其分布无从预测,谁走运、谁倒霉,都不能预知,所以在赛前,即便是技术上的强者,其运气也不会比别人多,因此可将其运气指数预设为50。对所有人而言,运数有可能是个助手,也可能是个刺客。第二,如果参赛选手足够多,那么在决胜之际,难免会有多个技术同样出众、水平同样"接近完美"的高手同场竞技,而在众多高手之中,又难免会出现一个福星高照的高手。因此,在大型选拔赛中,几乎一定会有这样一个人,他有能力与赛事中技术造诣最高的对手打得不相上下,即使他在技术上差一点点,却往往因为获得幸运之神的特别眷顾,反而在比赛中胜出。[1]

这个说法,与我们平常所说的"运气是留给准备得最好的人"略有差异。"留给准备得最好的人"可以解读为"留给技术最好、刻苦训练、蓄势待发的人"。而现在,我们只是修正这个说法——运气应该是留给做好充分准备、技术上"接近最好"的那个人,这样他就算不是最好、最优的人,也有机会打败前面那个距胜出只有半步之遥的最佳运动员。

赢家不一定是最有天赋、最努力的球员,不一定是战术最好的

---

[1] 意大利人普卢基诺(Pluchino)所率领的数学团队从稍有不同的前提出发,首次以量化的方法证明,在选秀中,最有天分者几乎都不是成就最高者,最成功的,往往是"只有平均水平的天分,但较幸运者"。

球队，也不一定是最懂经营之道的老板。高手过招，只要胜负的关键带有运气的成分（而运气几乎无处不在），那么赢家一定是最幸运的那一个。

富者越富，如果富者有所成就是因为其技术，也许这个结果还可以令人接受，但如果他取得的成就有运气的因素，那么巨星的赢家通吃是否还说得过去呢？

幸运儿是我

初中时，我曾经参加过一场足球队的选拔赛，当时球队的赞助商是海外体育品牌 P。那时，我家住在一个公租房区，那里没有球场设施。我在街上认识了几个邻居小朋友，下课后大家总会到小区后的空地上玩。不知是谁灵机一动，用几片木头充当球门，以书包为边界，废墟就这样变成了球场，我们几个街童从此就天天在那里蛮踢，从下课后踢到晚饭前，有时还得被各自的妈妈扭着耳朵叫回家。

当时有个叫阿全（化名）的小孩，是我的好朋友，我俩有时会双剑合璧一致对外，但大部分时间是旗鼓相当的对手。那时每次猜拳分队，不论谁赢了，第一时间不是选阿全就是选我。我比阿全高几厘米，但他身体比较壮硕；我的球路大开大合，阿全则灵活刁钻，两人各有千秋。我们的球队偶尔也会去香港新区比较正规的运动场里见识一下，即兴上场，与那里的常驻球队切磋，但由于我们平日是在自己划的小球场中踢球，整体就是一盘散沙，所以常常铩羽而归。不过，少年不识愁滋味，我们也没把输球当回事。

后来有人出主意，建议我们找正规的青年军报名。刚好 P 赞助的队伍征召青年军，于是大家便迫不及待地去报名。到了选拔的那天下午，大伙儿战战兢兢地去一个场馆内有座位的大型草坪球场参加选拔。我们简直像是"乡下仔出城"，这才知道选拔有几个环节，过了一关，还有下一关。最后，我们这群街童中，只有我和阿全进入最后阶段的分组赛。我和阿全被编在同一队，我是后卫，他是中场，其他队员我们一概不认识。就这样，我们糊里糊涂地上了战场。大家猜猜结果怎么样？

选拔的结果是我俩都入选了，我去了一队的正队，阿全去了二队的副队。

成功与运气

当时我就想，我们是同一条街上出来的，能力不相上下。在选拔日的分组赛中，由于两队都是由参选者临时凑成的，谈不上什么组织和战术，压根儿就是在打盲拳。我自觉当日表现不错，一开始，有几个球不知怎的落在我脚下，我紧张地使劲把球往前踢，有的球最后落在了自己队友的脚下，有的球却不知所踪。阿全当日负责中场，极力地"扫荡"和分派，我依稀记得他有一记巧妙的射门。

但结果却是我进了一队，他去了二队，兄弟俩从此便各走各路。我后来还当上了队长，算是主力之一；而阿全却越踢越糟，后来离开了球队，销声匿迹。两个水平相当的小朋友，却在一个选拔赛中糊里糊涂地被分了个高下，从此，走上了两条完全不一样的足球之路。

这种视角，通常是不会在人们的叙事和回顾中出现的。不少行为学家和社会学家纷纷指出，因为人们有"后视偏差"（hindsight bias）或"自我安慰的倾向"，往往会认为"成功并非侥幸"——今日的成就正是我们优异的天赋和后天的努力所致。这种事后解释，一般也会被商业社会所认可，各个商学院的企业案例和畅销书中所涉及的长青企业，大部分都是在事业有成的基础上寻找答案。全球最大的私募基金黑石（Blackstone），其创始人兼主席苏世民（Stephen Schwarzman）在他2019年出版的自传中，第一句话便是："最成功的行政总裁都是后天养成的，而非天生的（The best executives are made, not born）。他们吸收信息，不断地从过错中学习和成长……""成功靠苦干"是真理，还是自我安慰？我不明白。反正在那个下午，幸运儿是我。

这让我想起歌手洛·史都华（Rod Stewart）的歌曲《拥有所有好运的人》（*Some Guys Have All the Luck*）：

有些人拥有所有的好运,

Some guys have all the luck,

有些人得到所有的突破……

Some guys get all the breaks…

运气"照妖镜"

如前文所述，有些成功人士会以后视偏差的态度，认为"成功并非侥幸"，而是天赋、智慧、努力、冒险精神……的结晶，他们很少会说自己是靠运气赢的，但我们能否验证成功非(乃)侥幸呢？

要说清楚成功到底有几分要靠运气，着实不易。但如果我们把足球竞技看成复杂社会生态的缩影，那么伦敦政治经济学院的教授团可能为此提供了一个有趣的线索。

球赛的运气指数

汤姆·柯伦（Tom Curran）是伦敦政治经济学院的一位心理学和行为科学教授，他的团队和 ESPN 及专门预测赛果的公司合作，提出了一个计算运气指数的方式，给英超的每场比赛设置了运气"照妖镜"般的运算程序。柯伦团队结合统计学、计量学、自然科学等多门学科，聚焦于近两届的英超赛事，一一鉴别了每个赛季的380场比赛。他们从约1000组镜头中挑选出了151个镜头，作为独立的分析样本，交由符合资质的裁判重新判一次。

其中，被判定为带有运气成分的进球有9大条件：

（1）不该给予，但最终判为有效的进球；

（2）应该给予，但最终判为无效的假进球；

（3）不该判罚，但判罚点球且射入的进球；

（4）不该判罚，但判罚任意球且射入的进球；

（5）应该判罚，却没有判罚的点球；

（6）不该判的红牌；

（7）应该判黄牌的红牌；

（8）补时阶段的进球；

（9）射程中，因触碰而改变方向的进球。

根据以上9个条件，裁判重新剔出带有幸运或歹运成分的进球，将它们视为无效进球（即问题球）。下一步，研究人员把每一场带有问题球的比赛结果输入计算机系统，经由数学程序，在控制或排除一些干扰因素（包括事件发生的时间、点球的命中率、红牌的影响系数）后，根据一些决胜因子（如队伍的强弱、近况和主客场的优劣势等）模拟出新的赛果，而且是以1:100000的比例进行模拟（即每1场有问题球的比赛，要模拟出10万个新的赛果），然后把 10 万个赛果的中间数视为排除运气后的"真正"赛果。

推算"真"赛果

在这一步（即模拟有问题球的比赛并进行重赛）中，如果 X 因素（例如运气）没有出现，便是"真正"的结局，这是我们思考任何因果关系时的重要且必要元素。

如果你听到某位足球评论家说运气是这场球赛的胜负关键，你可以把这句话理解为：如果运气不出现的话，这场比赛的战局便要改写。正如有人说，梅西在离开巴萨前，是巴萨前 10 年如日中天的主因，你可以理解为，如果当年巴萨没有梅西，那么这 10 年的成绩应该会大为逊色。"应该"两个字背后的含义，是把"有梅西的巴萨"和"没有梅西的巴萨"在同一个 10 年中的比赛战果拉出来作比较，两组数据的前提中唯一的区别是有没有梅西。

在现实社会中，我们很难盖棺定论，成功的单一元素是运气还是技艺。归根到底，如果 X 没有出现，"真正"的结果本来应该是怎样的，对此我们很难确定。

之所以这样说，是因为历史不会"倒带"，也无法"从头再来"。但是，不妨把足球比赛作为现实社会的简化版，由于比赛规则清晰，只要人员和客观条件确定了,已知的胜败因子是可以被列举出来的。比如，我们可从回归数据中得知工资对成败的影响占多少比重，也能知道主客观条件的优劣势，等等，把多个因素和强弱指标加进运算公式，用算法来决胜，使之成为一个可信度高的"反事实"的模拟。因此，程序可以计算出由纯技艺（如球员的条件、排兵布阵的战术、临场的调配等）所产生的"真正"赛果。这便是研究人员大费周章地模拟新的赛果背后的原因。

运气值千金

让我们看看运气是如何影响联赛榜的。以2018/2019赛季为例，曼城足球俱乐部和利物浦把其他对手远远抛在身后，而"真正"的赛果显示，冠军队曼城其实没有得到幸运女神的特别眷顾，反而被"歹运"夺去3分，因此曼城该季"真正"的分数应该是101分，而不是98分。这个总分其实比前一赛季的历史纪录还多一分。也就是说，曼城被夺去了刷新历史纪录的机会。

反观第7名的"太妃糖"（即埃弗顿队），由于被歹运影响，其实际分数应该比"真正"的分数少了8分，而"红魔"（即曼联队）很走运，实际分数比"真正"的分数要多4分。根据这个运气指数，2019/2020赛季直接出战欧洲杯的应该是埃弗顿，而不是曼联。埃弗顿是该赛季最倒霉的球队，倒霉指数是20支球队之冠，其次是曼城；而最幸运的球队（即倒霉指数最低的球队）是布莱顿足球俱乐部（Brighton & Hove Albion F.C.），它因为运气好而多拿了3分，不然的话，降级的应该是布莱顿足球俱乐部，而不是后来在英格兰足球冠军联赛（EFL Championship，简称"英冠"）打得水深火热的富勒姆足球俱乐部（Fulham F.C.）。

除了球队的整体分数外，幸运指数也关乎"神射手"的排名。在剔除"不当"的进球和重新模拟之下，2018/2019赛季"真正"的神射手，应该是曼城（运气较差的球队）的塞尔希奥·阿圭罗（Sergio Agüero），而不是阿森纳（运气较好的球队）的皮埃尔－埃梅里克·奥巴梅扬（Pierre-Emerick Aubameyang）。

单是英超与英冠的电视转播费，就有千万英镑的差别。从这个角度看，可以说是"运气值千金"了。

摇滚方程式

事业有成的企业家和社会精英,以及商学院课堂上的成功案例,使很多人把成功归于智慧、努力、冒险精神等因素,很少人会说自己是赢在运气好。倒是娱乐界的天王巨星比较愿意承认运气的重要性,是巨星吃了"诚实豆沙包"[①],还是他们更接地气?

据英国流行音乐教父艾尔顿·约翰(Elton John)的真实经历改编而成的电影《火箭人》(*Rocketman*)于2019年上映,其票房颇高、口碑不俗,斩获不少奖项。这部电影中有艾尔顿的积极参与,并且大致上得到了他的肯定。为了戏剧效果,影片中有不少情节与事实有所出入。

如《波西米亚狂想曲》(*Bohemian Rhapsody*)等以娱乐圈名人为主角的电影一样,这一类电影的主角通常出身底层,被父母

---

① 漫画《哆啦A梦》中人吃了就能说实话的道具。

误会、被老师放弃、被同学欺凌等，天才总是会差一点儿就被埋没。在《火箭人》中，艾尔顿因缘际会，一夜爆红，成为至今为止少数被封爵的摇滚巨星之一。

普林斯顿大学（Princeton University）著名的劳动经济学教授艾伦·克鲁格（Alan B. Krueger）曾任美国财政部经济政策顾问组的副秘书长，他在《摇滚吧，经济学》（*Rockonomics*）①中主要论述了音乐工业是如何影响经济学的。书中有这么一段描述艾尔顿走红之路的文字：

> 当年，艾尔顿尚在酒吧里，他忙于在吃炸鱼和薯条的人群中卖唱，后来看到唱片公司的广告，于是登门求职。在回答接待员"你来这儿干什么"的问题时，艾尔顿徐徐说道："我只会唱歌和作曲，不会填词，我是没有希望的！"接待员瞪了艾尔顿一眼，便从一大堆信件中随手抓来一封求职信，扔给了艾尔顿。艾尔顿愣了一下，就离开了。在回家的地铁上他打开信件，看到一个陌生的名字，这就是17岁的贝尔尼·陶宾（Bernie Taupin）——他是后来与艾尔顿合作无间、于公于私一直都在支持艾尔顿的一位好拍档。艾尔顿一直以"kismet"（意为好运或命运）来形容接待员从杂乱无章的文件中抽出这封改变他命运的信这件事。

---

① 有不少评论指出，如果克鲁格没有在58岁时去世，他应该会是2021年诺贝尔经济学奖的获奖者之一，因为2021年诺贝尔经济学奖的3位获奖者之一的大卫·卡德（David Card）的最重要作品就是与克鲁格合作完成的。

以上片段并没有在电影《火箭人》中出现，但电影里有一段令人印象深刻的母子对话。

情节是这样的：成名后的艾尔顿私生活混乱，一天，他在偌大的别墅游泳池边晒太阳，对专程来看他、一手把他带大的妈妈大言不惭地说："妈，我不想再逃避了，我要做回自己。① 我的成就不是因为我做错了什么事，而是因为我要做自己喜欢做的事，那就更没错了……我不需要道歉！"艾尔顿的妈妈早年为了成全儿子不好好读书而想去玩音乐和闯名利场的梦想，咬牙带着艾尔顿离开了强烈反对他剑走偏锋的生父，独自把他抚养成人，视他为心肝宝贝。如今，竟被他形容为"没有同情心的怪物"！

只见妈妈凝视着他那张在夸张的太阳镜下仍难掩苍白浮肿的脸，一字一句地说道："自从那天你以那笨拙无比的肥腿，在钢琴前自以为是地扭动后，你就只是有好运气而已。你这一生都不曾努力过……你根本没有做过什么，谈什么成就？"

母亲含辛茹苦地把儿子养大，看到儿子功成名就，理应为儿子感到骄傲才是，为何此时却向儿子大泼冷水？电影中的人（包括艾尔顿自己）在这一段对话后深刻反省，他们意识到，巨星和普通人的差别，也许就像从一堆信件中随意抽出一封一样，是随机为之的。也许，大家都不过是母亲眼里最牵挂的、最幸运的孩子，仅此而已。

---

① 这里是指艾尔顿向母亲表明了自己同性恋的身份。

幸运之外

新秀选拔是社会常态，那么，评审团是怎样打分的呢？

我们在日常生活中，经常会看到各种选秀比赛，只是这些赛事形式不同、名称不一。对投资银行进行选拔的"选美"（beauty parade）、基金经理"忽悠"机构投资者的轮选会，或者职场上的一些大型面试等，都与娱乐节目的新秀选拔类似。其筛选方式是，选手们轮流施展浑身解数，而评审团会根据或客观或主观的指标打分。这样的打分方式在足球赛事上经常上演，世界杯、英超、意甲等顶级比赛都能吸引不少专家评审，优胜劣汰，除了计分板上的绝对输赢外，专家评审对个别球员的评级也大有文章。

对评审团的评审

复杂网络学家和数据科学家、意大利人卢卡·帕帕拉多（Luca Pappalardo）和他的团队，曾以真实的赛事和球星的赛后评级数据为基础，做了个"对评审团的评审"，其结论是，除运气以外，评审团大部分时间是以成败论英雄的。

帕帕拉多及其团队的评审是以意大利甲级联赛 2015/2016 和 2016/2017 两个赛季共计 760 场赛事的大数据为基础的。这个数据包有多大？共有约 100 万个事件（包含事件发生的坐标、时间、人物和结果等非常细致的数据），还有由此构成的 150 个技术指标（传球、射门、犯规等）以及约 2 万个技术向量的结集。比如，意甲有 20 队、每队 25 人、共计 500 个球员（两个赛季稍有出入，但在这里从简计算），以此为基础，每人至少会在 40 个结集中出现。

专家评审是以资深体育记者对所有球员的赛后评级作为依据的。意大利国民对足球的狂热众所周知，想成为足球界的资深记者，就要具有百科全书般的知识储备，还要有观赛无数的阅历，并要打进俱乐部的更衣室和酒吧，同时还要有可以彻夜不眠的体能。这个数据库中的评级，就是各个评审员在每场比赛后针对每个球员所给出的评分（从 1 分至 10 分）。

就在梳理评级且尚未作回归分析或其他深层分析之前，帕帕拉多及其团队的第一个发现是，这些专家的评审结果经常南辕北辙，同一个球员在同一场比赛中可能会同时被评为最佳球员和最差球员,这不是例外,而是占总数的20%。

智能评审员

接着,为了深入分析评审团的评级过程及其背后的标准,帕帕拉多及其团队利用计算机程序,模拟在正常的情况下,球员的评级"应该"是什么样的:根据上述150个技术指标,推算出单纯以技术指标作为"参照点"时球员应得的评级。这就像有了一位"智能评审员"。最后,他们把这个理论评级和实际评级进行对照,从而评判评审员在审核过程中到底多考虑了哪些因素。

这其实与近年来经济分析师在宏观经济上的政策研究有些相似,经济分析师常会以理论来推导,进而建立起一个可信度高的中性模型,然后他们会把模拟出的预测与现实的政策进行对照,从中找出偏离模型之处,挖掘出人们在制订政策时的一些鲜为人知的秘密。

情景因素:球场是英雄地

将模型的中性推测和现实的人工评级相互对照,结果当然是理论与现实相差许多(其相关性只有0.55,即两套数据关联不大)。帕帕拉多及其团队没有就此停手,他们借着大数据,在两个结果的差别之中,引进了一个硬技术以外的解释项——情景因素。

相对于由运动机能（如速度、射门、准度等）组成的硬指标，情景因素是个别球员不能控制的环境因素，例如，某个事件能否成为进球或丢球的关键因素（前锋自己决定不了一次射门能否进球，这还得看守门员的扑救是否有效）、比赛的结果（一个球员控制不了赛事的结果）、公众的预期和赛果间的落差（预期综合了许多因素，而赛果又不可控）等。

当帕帕拉多及其团队把情景因素加进程序后，模型更新为 2.0 版本。他们随即发现模型对球员的赛后评级的预测与人工评级的距离被拉近了约两成（现在其相关性是 0.67）。其中的道理是，球场是英雄地，成王败寇。所以，球评家赛后的评级高低不一定只是看硬技术（球员的速度、盘球能力等），更重要的是看比赛的战果。一个球员哪怕表现奇差，但只要他所属的球队赢球，他得到的人工评级就会比机器纯粹依据硬性技术指标所预测的评级要高出许多。

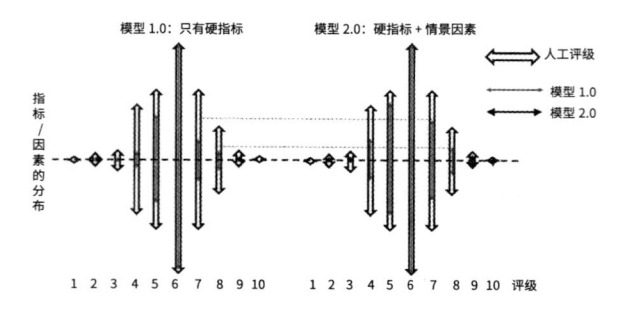

图 20 模型 1.0 与模型 2.0 的对碰

说明：加入情景因素的模型，在各级评级上都更接近真人的评级；而愈是在高评级区，情景因素的作用愈大。
来源：Pappalardo et al. (2017)，经作者调整后制图。

帕帕拉多及其团队以阿根廷前锋球员冈萨洛·伊瓜因（Gonzalo Higuain）为例说明了这一点：伊瓜因因为在一场意甲赛事中的进球而成了"意甲史上的进球王"（这是一个情景），他在这场比赛中获得的人工评级是 10 分（满分）。可是，如果以他的跑动距离、射门等硬性指标来看，技术模型表示他其实只应得 8 分。帕帕拉多团队分析，是"进球王"这个情景让人工和机器的评分相差 20%，评审员被情境感染，多给了感情分，这说明评审团容易被情景因素影响，对球员在运动机能上的表现评价不一定客观。数据还显示，前锋、中场、后卫和守门员对情景因素都有不同的敏感度，你猜猜谁最敏感？[①]

极端行为

更有趣的发现是，帕帕拉多及其团队别出心裁地把不同的硬性指标（动作和事件）和情景因素，由高至低划分为极端高、平均和极端低等共 9 个级别，由此发现，高评级与极端的指标及因素呈正相关。这与近年来行为科学发现人们在决策时容易受到"可得性的意会或偏差"的影响这一现象相似。直观解释是，一个出其不意的"插花"[②]对球员的表现和成绩不一定有正面的贡献，但是评判员

---

① 前锋和守门员的评级与射门、扑救和拦截等硬性指标相关，而中场和后卫的评级则更看重环境或情景因素。

② "插花"是 step over 的粤语翻译，普通话译为"踩单车"或"跨步"，意指足球运动员用假动作骗过对手，带球过人。

一般会先入为主地有"插花=好"的预设;一个成功的"插花"能抓住评审员的眼光,并会让他们印象深刻,如果球队刚好赢了这场球,那评审员对这个球员的评价就会由"花拳绣腿"变成"飞毛腿"。

刻意练习成就非凡

从现在开始,我们将从巨星身上偷师,提升大家的"技艺"。说到足球运动员的技艺,当属梅西与C罗最为出色。这对"绝代双骄"各有所长,梅西灵活飘忽,C罗步大力沉;梅西擅长在人群中穿梭,以刁钻见称,而C罗则更倾向力拔千钧,一招制胜。[①]

然而,球坛的一个共识是,梅西的技艺中,天赋的成分较多,而C罗的技艺则以后天的训练为主。[②] 天赋,是父母所赐,是运气的一部分,是外部因素,自己做不了主。所以,C罗的技艺更适合作为我们的参考,那么,C罗的足球技艺是如何练成的?

---

① 两人在不同阶段有不同的打法和喜好,且因对手不同会有不同的应对和调整,以上只是未经量化的概论。
② 这不是说梅西疏于锻炼,更不是说C罗没有天分。对于他俩的技艺而言,天赋和锻炼的加成肯定都同时存在,而且都不占少数,我们只是指出两者在边际上的差异。

第一条：天赋

嘿，开玩笑吗？不是说天赋是由运气主导的吗？在锻炼技艺的时候，怎么又讲起天赋了？是的，虽然说技艺是后天的，但技艺的第一条，却是天赋。神射手（natural goal scorer）要看是否为天生，数学家要看是否为天才，就算投资界大佬也要看脾性[①]，这些都关乎天赋。

所以，技艺的锻炼离不开天赋；训练，要顺势而为，即要找一条更适合自己的路子。对于球场上的有些位置，培养技能并不能对加持技艺产生理想的效果，比如射手，需要天赋和运气，还要叠加临场对敌的不确定性。而对于中场或后卫来说，临场偶然性较小，通过后天的科学训练，对技艺的加持效果通常更为明显。所以，技艺的发挥情况也要看位置，找对路子的话会事半功倍。

一万小时定律

天赋不是决定技艺的唯一要素。在我们找到适合自己的路径，至少不是逆势而为的前提下，让我们学一下"刻意练习"。

因"练习"而闻名的英裔加拿大作家马尔科姆·格拉德威尔（Malcolm Gladwell），以冰球比赛的胜利、比尔·盖茨的成功、

---

① 著名投资人沃伦·巴菲特（Warren Buffett）的合伙人查理·芒格（Charlie Munger）有一句名言："性格比脑袋重要……我和巴菲特有性格上的优势，这足以弥补我们的低智商。"

披头士的流行等事件为例,提倡进行"一万小时"的刻苦练习,并在其畅销书《异类》(*Outliner*)中指出:"天才不一定是最重要的,运气加一万小时的训练才是重中之重。"

有趣的是,格拉德威尔在书中所叙述的案例或名人实例虽然不少,但他所依据的实证科学研究其实是瑞典裔美国心理学家安德斯·埃里克森(Anders Ericsson)及其团队的研究成果,但埃里克森很早就指出,他的"刻意练习"被格拉德威尔曲解了。

"刻苦+用脑"的刻意练习

埃里克森指出,"刻意练习"是一种特定的锤炼,带有强烈的目的性(被格拉德威尔借用了)和反馈性(被格拉德威尔忽略了),它不是反复刻板的、有意识或无意识的练习,而是一种特定的艰苦重复、有系统性和目的性的训练,最重要的是,要有客观的、能度量的指标和可复制的样板,需要由老师、教练,甚至对手给予即时回馈,以纠正我们的错误,从而创造性地推动我们对所学技能的掌握和控制,使大脑和身体机能不断地被调整、弥补和优化。这才叫"刻意练习"。"刻意练习"的效应在学习象棋、钢琴、篮球和交通驾驶时特别显著。

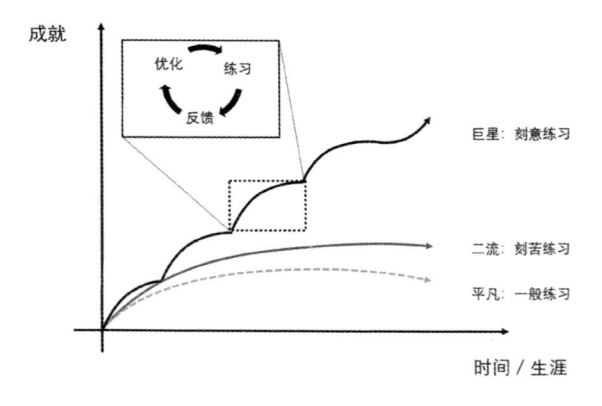

图 21 刻意练习

来源：受 Petrosoniak et al.（2019）启发，经作者修改后制图。

那么，将这套系统放在 C 罗和梅西身上做个对比，结果又会如何呢？刻意练习就是说我们可以向 C 罗学习，在具有目的性地对 C 罗进行刻苦模仿和学习之余，更重要的是，他可以成为我们的老师（具备反馈性），他的训练方法科学且有迹可循，一步一个脚印，无论是某一块肌肉的训练，还是眼睛、身体、手脚的协调等，都可以被拆开来，一部分、一小节地进行学习和训练。C 罗本人当然不会来当我们的私人教练，但我们却可以和队友，甚至对手一并学习和应用 C 罗的套路。C 罗由当初在曼联时的花拳绣腿，到后来的风驰电掣，再到效力皇马时减少不必要的盘球，但增加了令队友沮丧的独食式射门，这一系列的进步也是在我们的见证下一点一滴地练成的。你也许不喜欢 C 罗，但可以从他身上学到现象级的足球脚法。

相比之下，梅西的身法行云流水、浑然天成，别人难以模仿，也难以通过老师或对手的反馈来达成学习的目的。在人群之中过关斩将有太多的变量，而梅西从几岁开始就左纵右跃，19岁便射入一记带球连过6人、媲美马拉多纳的世纪金球，即便是梅西自己也难以复制，更何况其他人！

原子任务改变人生

令我们感到欣慰的是,"刻意练习"这种锤炼对"精英"的帮助未必是最大的,对普通人的帮助却更为实在。由于进步空间较大、反馈机会较多——以前只有富人请得起私人教练或明星教师,只有贵族或 CEO 能雇用"总裁教官"①,现在的互联网和社交应用软件普及了各种学习场景,凡人更有可能步向非凡。

然而,实际上刻意练习有多大的效果呢?曾经在棒球场上被棒球迎面击伤、经历劫后重生的詹姆斯·克利尔(James Clear)给出了一组数字。

---

① 此处指被称为硅谷传奇的创业教练比尔·坎贝尔(Bill Campbell),他曾指导过包括苹果公司的史蒂夫·乔布斯、谷歌前 CEO 埃里克·施密特(Eric Schmidt)等在内的众多科技企业的领袖。在进入科技行业前,坎贝尔曾担任过大学橄榄球队的教练。见 Schmidt et al. (2019)。

成就

每天 1% 的优化：$1.01^{365} = 37.78$

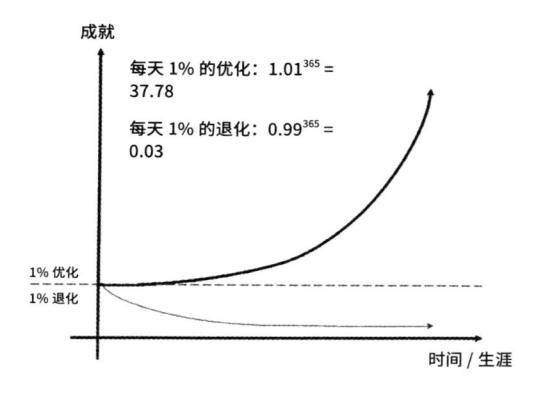

每天 1% 的退化：$0.99^{365} = 0.03$

1% 优化
1% 退化

时间/生涯

图 22　每天 1% 的优化

来源：Clear (2018)。

当时年仅 16 岁的克利尔，重创导致脑积血、头骨爆裂、呼吸停顿，休克了 3 天才做头部手术。手术后，他的视力受损、嗅觉失灵、行动不便，这对从 4 岁起便梦想当职业棒球运动员的克利尔打击巨大，后来他还被学校精英棒球队排除在外。但克利尔没有灰心，他启动了一个自救模式，将吃喝拉撒、衣食住行、休息锻炼的每一个细节都计划好，并且认真执行，就这样，只用了 6 年的时间，他便从在病床上半死不活的状态中彻底蜕变，并入选 ESPN 全美明星阵容！

习惯集腋成裘

这便是后来克利尔广为人知的"原子习惯方程式"的来源。

顾名思义，该方程式的核心是原子，即先把每个任务分解至原子那么小，然后把这些原子任务在大脑中变成自动重复的习惯，通过对我们的日常行为进行主动而精细的诱导或惩罚，让我们以微小的累积，集腋成裘，改变人生。

在我们的框架里，"刻意练习"有两个方面，分别指向"系统1"和"系统2"，习惯由"系统1"负责。[①] 习惯是指已在大脑上成为"自动波"的重复指令，是快速而即时的直觉和自然反应，是日常生活中作出最多决定的"套路"，是上帝在设计大脑线路图时的一个"搭线"的方法。在原子习惯方程式的视角下，"刻意"练习着重"刻"，把设计好、有意识、相互交织且互补的行为（如击棒球、射门、看棋局、念乘法表、写计算机程序等），包括认知和肢体活动的行为组件，都演化成不需要现场思考的活动，通过"系统1"自然地解决问题。

每天爱你多一些

科比·布莱恩特堪称篮球界的C罗，他的天分不一定是最高的，但他却凭地狱式的训练和最细微的习惯而成为巨星。科比有一句名言："你见过凌晨4点的洛杉矶吗？"他对每天睡几小时、时间怎样分段、怎样分吃6餐，以及每天必须投篮800次等习惯非常执着，

[①] 克利尔所说的"习惯的好处是我们想都不用想就办好了事情"正描述了"系统1"的过程。

是"原子习惯方程式"的最佳执行者。

我们再说回克利尔的数字,如果每天优化 1%,一年后你的进步便是今天的 37 倍,技艺是每天爱你多一些!

迟来的春天

一个孩子在街边踢球。"这小子是足球天才！边学走路边踢球……"妈妈这样评价他。成名之后，在镜头前，这小子与世界足球先生、巴西人卡卡同台献技，他左右脚颠球，毫不逊色于足球巨星，找他穿足球鞋拍广告的是知名企业吉列（Gillette）。

这个"小子"就是罗杰·费德勒，一个差点成为职业足球运动员的网球巨星，他小时候还热爱壁球、篮球……他的妈妈虽然是网球教练，却叫他别把网球看得太重。当青年军教练发觉小费德勒水平超前，想把他升班时，他却嚷着要留班跟小伙伴一起玩；当他开始专注于网球时，同龄的精英网球运动员早已穿梭于网球导师、体能教练、运动心理学家和营养师之间。之后，他却创造了历史——

他成为第一位夺得 20 次大满贯冠军的球员。[①] 与他同期的球员早已退出一线，他却在三十七八岁的"高龄"，仍勇夺 2018 年澳网冠军和 2019 年温布尔登网球锦标赛的亚军。

跨界是一种能力

如果泰格·伍兹是从小专注某一领域的成功案例，那么费德勒就是事业的春天迟来的绝佳典范。在快餐文化泛滥的当今社会，运动员如果能够在职业生涯的初期便选对方向，同时又足够专注的话，也许会有立竿见影之效。

然而，提出"通才压倒专才"的大卫·爱泼斯坦（David Epstein）指出，不管是一万小时，还是高阶版的"刻意练习"，都只是深挖专注，而现今社会中更重要的是横向跨界能力。伍兹两岁开始的专注就像一条垂直的线，由起点一直向上画，成为英文字母"I"；可是，费德勒的跨界能力是在这条垂直的线下加了一条横线，成为倒转 T 型的"⊥"（见图 23 中的右象限）。

[①] 西班牙网球运动员拉菲尔·纳达尔（Rafael Nadal）在 2020 年的法网夺冠，追平了费德勒的纪录，并于 2022 年初的澳网再下一城，成为历史上获得大满贯次数最多的网球运动员。

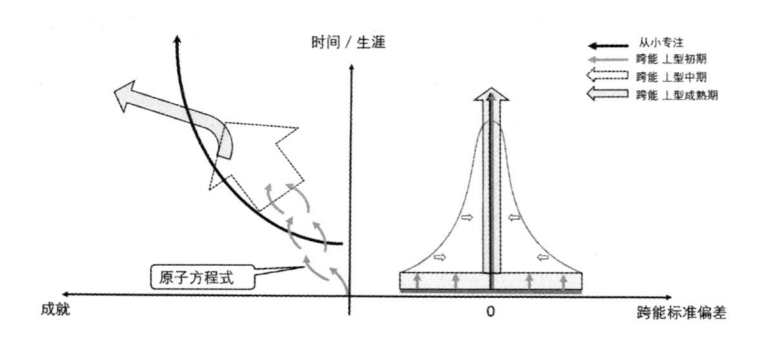

图 23 跨能⊥型与从小专注的生涯成就比

说明：特许金融分析师行业协会（CFA Institute）用"T型"图来阐释未来金融人才所需的技能，但没有提出"倒转 T 型"这一图示。
来源：作者制图。

伍兹的主场高尔夫球和人工智能阿尔法狗（Alpha Go）打败李世石的围棋，这两项竞技运动的相似之处是，比赛规则清楚，同一套动作和流程重复出现的次数多，因果关系清晰，信息反馈快而准，是爱泼斯坦所言的"宽容"（kind）的环境，所以垂直的"刻意练习"在这两项竞技运动上是有用的。

过早专注的风险

可是，在今日的"危险"（wicked）的环境中，也就是我们所处的移动网络和社交媒体世界中，游戏规则不明确，"龙门"常被搬动，信息反馈滞后，因果关系不清。练习者在幼年便专注于某一领域发展，的确可以让他提早开始累积经验，但复杂的环境充满变数，万一站错了队（即任何一条垂直的线出了问题），都有从零开始的风险。

爱泼斯坦于2020年9月在中国香港一个投资论坛发表演讲时，曾特别寄语众人，今日人均工龄延后的趋势明显[①]，过早专注的风险太大，面对超强的逆向风，只有一技之长者别无退路，大概率会跌入死胡同。面对危险的环境，跨能者中能触底反弹、咸鱼翻身的人居多；就算同样是放弃，过早专注者一放则弃、一弃则颓；跨能者往往能锲而不舍、卷土重来。

费德勒从网球场退下来之后，也许到高尔夫球场上仍可有一番作为，而伍兹如果在高尔夫球场上受挫，又能去哪里找回事业的春天呢？

[①] 畅销书《百岁人生》（*The 100-years Life*）中对这一观点进行了论述，这本书由伦敦商学院教授安德鲁·斯科特（Andrew Scott）和经济学家琳达·格拉顿（Lynda Gratton）所著，斯科特教授也是作者曾经的恩师。

谁说成名要趁早？

都市人平均年龄被拉长，到中老年时仍在职场上打拼的大有人在。那么，在经济逆行的形势下，职场上的中老年人是否仍有竞争力？前文以网球巨星费德勒大器晚成的故事开了个头，这里我们将用针对职业生涯与爆红时序的讨论作结。

大龄球员少投多产

让我们先从足球场上说起。足球运动竞争激烈，只是体力上的些微差别也能在很大程度上影响发挥。随着运动科学的进步，球员的平均年龄也有所增长。以欧洲联赛为例，自 1992/1993 至 2017/2018 为止的 15 个赛季，球员的平均年龄增长了 6%。此外，部分数据的峰值表现也有利于大龄球员。年过 30 岁的球员，虽然在每场比赛中，其总运动里程、短距离爆发和中距离高速奔跑等数据，比 30 岁以下的球员差，不过，在一些被认为与胜负高度相关的指标上，比如传球的精准度、临场应变力和对比赛的阅读力，尤其是与同龄队友的配合度等方面，大龄球员的评分反而占据优势，而且这些优势是在较少的训练下达成的。换句话说，这是少投入、多产出！

那么，职场上的情况又如何呢？在如今的社会里生存，人们依赖脑力多于依赖体力，年龄的压力比在农业社会或工业化社会中更小。在北京、上海、广州、深圳、香港等一线城市，对证券分析员、基金经理、IT 程序员或市场经理等职业来说，更要求从业者具有创意思维和解决问题的能力。包括研究复杂网络的科学家罗伯塔·西纳特拉（Roberta Sinatra）在内的几位来自欧美著名大学的科学家组成了一个团队，花了 5 年时间，通过梳理在物理学、认知科学和经济学等 7 个极其依靠脑力的学科所发表的学术研究，揭示了在这些领域里，学术研究被发表和引述的次数与作者发表研究的时间次序无关。

大数据揭示"次序"密码

截至 2010 年，这项研究有了一个时间跨度超过一个世纪的庞大数据库，近 3000 位物理学家，加上其余 6 个领域的约 2.5 万人，在这些人平均超过 20 年的职业生涯里，总共发表约 80 万份研究成果。这个"神级"的研究工程的结果，于2016年在顶级期刊《科学》（Science）上刊登。

科学家团队发现：第一，与年纪相关的指标是"生产力"，但这只涉及劳动的次数。研究者的确会在职业生涯的早期和中期发表较多的研究报告，而这些报告的影响力总量，即被引用的总次数，的确比他们中后期的研究报告多；但请注意，这只是"力"的表现，有点像多劳多得，仅此而已。

第二，如果把每一份报告的影响力排序，不考虑研究者的年龄，只按时间次序排列，比如其处女作是第一份，其收山作是最后一份，大家会发现，最有影响力的研究报告，会随机地出现于次序序列的每一个位置上。也就是说，研究者最吸睛的作品，在其职业生涯中的序列上是没有显著的落点偏好的。换句话说，一个物理学家或经济学家（也可引申为分析员、程序员或KOL），其职业生涯中最重要的研究（也可引申为投资建议、APP、直播），与其当时是初出茅庐还是如日中天无关；其爆红的概率在职业生涯的早、中、晚期是相同的。

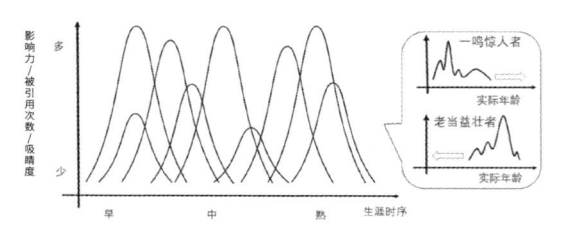

图24　成就没有时序上的偏好

来源：灵感来自 Sinatra et al. (2016)，作者制图。

所以，我们无法控制年龄的增长，但我们可以选择主动把职业生涯拉长，这更重要。你的下一份投资报告、下一个创业 APP 或下一场直播，其爆红的概率，不一定就低于"头炮"。

再深挖一层，数据也可以揭示人们是如何逆风翻盘的。科学家还发现，夕阳之歌的成就不会比破晓之鸣低，掌控力是没有期限的。简单来说，今日经济逆行，行业环境更恶劣，洗牌重来不是新鲜事，这对大龄球员并非坏事，因为其点铁成金的能力没有期限。为什么这么说呢？

原来是科学家发现了"Q"，它是运气之外的一个不会老化的成功因子。

推导 Q 的模型既简单又复杂。说其简单，是因为它只有三个元素："成就 = r + Q"。说其复杂，是因为它的运算过程烧脑。首先要界定成就，即统计上述物理学家、经济学家等的研究报告被引用的次数；下一步，在科学家团队设计的模型中，r 代表运气，它在事前无法被预知，首先要使 r 化成随机的、没有固定轨迹的、五五开的一个因子。

精彩的是 Q，它是技艺或能力的因子，研究者要依靠它把各个主题创意加工成正式的研究成果。模型要求 Q 有正有负，正数值的 Q 能把创意放大，负数值的 Q 却会把创意搞砸。那么，符合以上条件，同时又与以上约 3 万个研究者的共计 80 万个成果、逾百年的职业生涯相吻合的 Q，又有怎样的特性呢？

Q 不会过期

由运算倒逼出来的 Q（即实证上的 Q），是一个不变的二极因子（有高分和低分）。简单地说，Q 作为技能因子，是持续不变、不会腐朽但也不会升华的天赋技能，它有高有低，天赋高的物理学家或经济学家产生良好的创意之后，可精进为影响力巨大的论文或研究成果。就算碰上一个没有实际价值的创意，这些天赋异禀之人也能够化腐朽为神奇，只是这种神奇通常昙花一现。这样的一个 Q，其预测力极强。科学家甚至指出，它能估算出某个物理学家的成就将会有多高，比如能否获得诺贝尔奖、能有多大的影响力等。

对"我们"而言，最重要的一点是，Q 独立于职业生涯的各个阶段，它不会老化、变质、退化。它不像牛奶，它没有保质期！

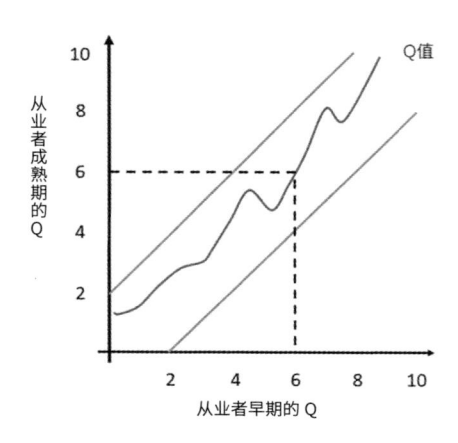

图 25　Q 在不同职业生涯时期的稳定性

来源：Sinatra et al. (2016)。

夕阳无限好

从这个庞大的数据库中可得出结论，成就有赖于运气和天赋技艺（成就 = r +Q），而天才的 Q 是与生俱来的。这个结果对我们普通人也有好处。虽然我们不能像梅西那样，天生具备以一敌十的本领，但我们却可以学习 C 罗或伊布拉希莫维奇等人，不懈地锻炼、更新和输出，只要持续地参加比赛，不断地进球，哪怕只是在门前混战中捡个现成的、不费力的进球。那么，经典的一球、奠定地位的一战，也许就出现在下一场赛事中的下一个进球上。

天才的 Q 不会变大，梅西 19 岁时那记马拉多纳式的进球，即便对他自己而言也早已成为绝响。反过来说，我们普通人是无须担心能力会过期的，老当益壮的例子比比皆是，关键在于要有持续性的产出。

晚春的夕阳一样是无限好的，经典是没有保质期的。

数字时代的网中人

硬核技术之外,编织人际网这种软技术同样重要。身处数字时代,我们似乎拥有很多链接,但其实,能够制胜的关系网络不是唾手可得的。

复杂网络专家艾伯特-拉斯洛·巴拉巴西(Albert-László Barabási)发现,自然界(物理、病毒、脑神经元等)的网络科学,能解释费德勒等网球明星的成就。从统计学的角度来看,通过维基百科的编辑历史和网民访问量来预测巨星的人气高低,其结果的准确性是显著的。

人际网络"造价"

除了反映价值以外,网络还可以"造价"。利用大数据、网络程序和马尔可夫模型（Markov Models），巴拉巴西把 35 年来 300 万件艺术品背后超过 50 万个艺术家的成就，用画点连线的方式制作成了网络图。他发现，当技艺或艺术品——比如油画、工艺品——由于没有客观标准从而不易被界定优劣时，网络就有了定价权，这种方式看似扁平化，实际上却是专断而顽固的。一小部分最有影响力且同气连枝的画廊和展馆决定了大部分艺术品的拍卖价；拍卖价与内在优劣无关，只与是否曾经在现代艺术博物馆（MoMA）展出过有关。[1]

呼风唤雨的足球经纪人

巨星网络半封闭化是体坛常态，而足球经纪人也许是这张网络中最有影响力的交叉点。其中，葡萄牙人豪尔赫·门德斯（Jorge Mendes）最能呼风唤雨，他是 C 罗和明星领队若泽·穆里尼奥（José Mourinho）的代表，近年还助力上海复星集团的英超狼队，做得有声有色。[2] 其实，英超的注册球员约有 550 人，每周有两次比赛，按理说笋盘[3]都在面上，哪还需要经纪人？然而，共有 1800 个经纪人在英超、英冠间穿梭效力，不管是初出茅庐的青年军，还是年届垂暮的足坛老将，都对超级经纪人趋之若鹜。

---

[1] Barabási （2018），Fraiberger et al. （2018），车品觉 （2020）。
[2] 如《门德斯传：世界上最好的生意人》中所说，门德斯是"球坛最有权力的人"和"世界上最好的生意人"，关键在于他的人际关系网络非常广阔。
[3] 粤语中，"笋盘"是指性价比高的二手房。这里意指技术好身价又不高的球员。

巨星网络不会因从 0 到 1[①]而没落，对弄潮儿而言，在网络中，人的作用更大，强如巴菲特，耳顺之年仍四处公关，才结识了尚在写代码的比尔·盖茨，与其结下了 30 年的网络奇缘。

---

① 即指网络时代的到来。

巴乔的失误和救赎

足球史上最揪心的临场失误,是 1994 年意大利金童罗伯托·巴乔(Roberto Baggio)罚丢点球。他的救赎,更是个传奇。

当年,如日中天的巴乔携"世界足球先生"的名头,在世界杯决赛中对阵巴西队。那是场梦幻之役,双方鏖战 120 分钟后互交白卷,要以互射点球决胜负。巴乔为意大利队压阵,是首轮 10 人中的最后一人,当时巴西队以 3:2 领先。在淘汰赛阶段的三场比赛里,意大利队攻入 6 球,其中 5 球都是"小辫子"巴乔一人贡献的,还包括一个点球。

按理说,最后那个点球交给巴乔是极有把握的。

马失前蹄

可是,世界杯史上最落寞的一幕,便发生在这个举手投足都像南欧艺术家的巨星身上。当足球飞越球门的一刹那,他失魂落魄的样子把观众都看痴了。那时的巴乔,就像一个孤独地站在悬崖边的虚弱疲惫的孩子,所有人都只想上前把他拥入怀中,让无声哽咽的他可以吼出嘶哑的悲鸣。

这一记点球,是世界杯决赛周的所有互射点球中最"离谱"的一脚。令人难以置信的是,在巴乔的职业生涯中,射点球的成功率是傲人的86%,这个成绩在意大利无人能及。[1]

巨星为何会在生命中最重要的一刻马失前蹄?我们在锻炼技艺时,应当如何准备才可以有效地避免这样的失误?

运动心理学、认知科学、运动机能学家西恩·贝洛克(Sian Beilock)在多年的研究(其中包括其自身的经历[2]和无数的脑扫描及实验)后,总结了巨星失误的原因和应对之道。专业运动员、音乐家、政治家、企业家在面临极大的压力(如决赛、演奏、竞选或营销演说)时,最普遍的失误,便是因过度分析导致分析瘫痪(paralysis by analysis)。

---

[1] 一般点球的失败原因有两种:球员射出界和守门员成功扑出。巴乔的点球成功率为86%。相比之下,罗马王子弗朗切斯科·托蒂(Francesco Totti)的点球成功率为82%,另一位金童亚历山德尔·皮耶罗(Alexandro Del Piero)的点球成功率也只有84%。

[2] 贝洛克在一次TED演讲中,解释了她为何对被她称为"呛咳"(choke)的临场失误特别有研究兴趣。她高中时本来是校队门将,可是在一场重要的比赛中,当她发觉美国国家队主教练竟然就站在自己的球门后面,她马上紧张起来,在魂不守舍中扑球失手了,被对手乘虚而入,进美国国家队之梦随即破灭。不过,这段经历令她在研究临场失误这个课题时更有动力和说服力,也让她最终成为这个方向的专家。

过度分析弄巧成拙

巨星当然都是技艺上乘之辈,所以他们的失误,不是疏于练习、没有大赛经验之类的"初级错误";相反,对已经非常接近成功、久经沙场的过来人而言,临门一脚如有闪失,往往是因为"计算太多(overthink)"。[①] 贝洛克研究的案例包括高尔夫运动员、美国职业棒球运动员、美式橄榄球运动员、滑冰运动员和英格兰的点球射手,他们失手的最大原因,是计算了场上的每一个细节,试图以最完美的姿态击倒对手、完成任务,临时把自己已经训练成肌肉记忆的动作刻意拆分了。

若用本书的语言系统来进行归纳和解释,一套动作由初学到高阶,再到决战前夕,其经历了初学者细致的分步学习,其中以"系统2"为主导,以"系统1"为辅;到了浑然天成的成熟阶段,却是以"系统1"为主导,"系统2"则退居幕后。这时,如果你问球王该怎样才能完成一个高难度的动作,他们往往会说:"我不清楚,我就是做到了(Just do it)!"然而,在决赛时,如果运动员强行重新进行分析计算,那么,大脑的控制权便会从"系统1"转至"系统2",在这种情况下,一些生硬而不连贯的动作和自我怀疑的心理,以及许多平时不会出现的毛病,便会忽然间纷至沓来,失误随之而来。

---

① 贝洛克引用了香港大学运动及潜能发展研究所一项关于运动员过度计算的研究。

回看巴乔那记点球，虽然我们没有当时的脑扫描记录，但从他职业生涯中的数据可见，巴乔式的点球向来都是低腰死角，少有炮弹飞球。他在自传中却承认，当年他临时改变套路，误以为"头脑清醒……这是一个聪明的选择"，想不到却成为"缠身的噩梦"。

令人动容的是，1998年的世界杯，巴乔再次被召入意大利国家队，不过只能作为亚历桑德罗·德尔·皮耶罗（Alexandro Del Piero）的替补。在首轮意大利队快要被智利队挤出局的赛事中，他被派上阵，当时意大利队以1:2落后，巴乔以老到的经验诱使对方在禁区内手球犯规，点球竟然神奇再现。闻判时，巴乔不禁弯腰低头、双手撑在膝盖上，仿佛要被4年前失误的压力再次击倒，队友见状还轻抚他低垂的头，劝他不要勉强。然而巴乔为了赎罪，4年来不惜自贬身价，到弱队中争取正选，为的不就是这一刻吗？

只见巴乔用双手把足球放在罚球点上，哨声响起，他深吸一口气，一双眼睛毫不避忌地瞄了球门一眼，在胸膛起伏间以不疾不徐的步伐上前一扫，射向守门员的右下方。守门员虽然猜对了方向，然而由于来球角度刁钻，球快人慢，足球在他扑倒前已应声破网。

巴乔做回自己后，一气呵成地完成了自我救赎，终于从4年前的点球噩梦中解脱出来，如图26所示。

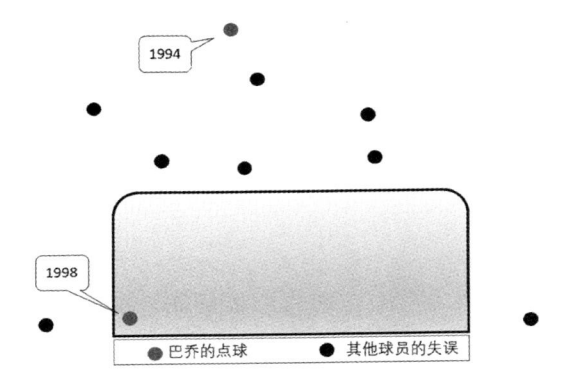

图 26　互射点球决胜的失误和救赎（1982—2014）

来源：BBC，作者整理后制图。

瞬间制敌的能力

对曼联来说，自成为1999年三冠王[①]到获得2008年欧洲冠军杯冠军，相隔近十年，只有少数几个球员熬了下来，其中比较令人意外的是右后卫加里·内维尔（Gary Neville）。内维尔的"刻意"练习，"意"多于"刻"，后来这个经验还被传授给了韦恩·鲁尼（Wayne Rooney），助他成就大业。

内维尔的天赋在一线球员之中可能是最弱的，看他带球跑动，真是要提前吃镇静剂。但他却是曼联著名的"92黄金一代"的核心成员，是1999年决赛的正选右后卫，也是英格兰国家队史上，上阵次数最多的右后卫。他凭的是什么？是勤能补拙吗？这倒不足为奇，奇的是他在自传中提到的另外一件事——上厕所！

[①] 三冠王，即联赛冠军、足总杯冠军、欧洲冠军杯冠军。

意象模拟对敌之策

原来，内维尔在每次大赛前，一定都会蹲在马桶上好一阵子。他会在这个私人时间里对他的敌人进行"意象模拟"，想象对手的身法和动作，模拟双方交锋的场景，如图 27 所示。

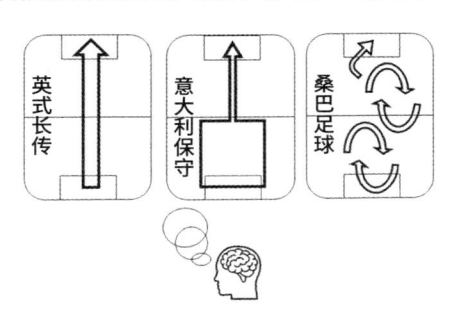

图 27　高手脑海里的心理表征图

来源：作者制图。

而内维尔的这个法宝（指意象模拟，不是指上厕所），后来还传给了鲁尼。鲁尼在 2004 年崭露头角后，马上被曼联领队亚历克斯·弗格森（Alex Ferguson）以破纪录的转会费收至麾下。鲁尼在曼联的 13 个年头，上阵 559 场，射入 253 球，成为俱乐部历史上的进球之王。当鲁尼在自传中提到如何提升自己的比赛成绩时，不经意地说出了内维尔的这一招。[①]其实，几乎在所有领域里，专家之所以成为专家，是因为他们可以透过纷乱的现象、数据、关系或

---

① 鲁尼在自传中谈及赛前的准备时，反复用了"意象模拟"中的术语：想象（visualize）、看见（see）、注视（eye）、思考（mind）、心理（mental）、预期（anticipate）和头脑（head）。

形态，"看见"别人看不见的东西。一般人看到的是会吃人的阴森树林，而巨星看到的，却是脉络清晰的绿野仙踪。

埃里克森在"刻意练习"中特别提到，优秀的运动员、顶尖的棋手、出色的伦敦出租车司机、华佗般的外科圣手和创意无限的程序设计师等，他们和众人的区别不是视力上的，而是"看见"与"视而不见"之差，顶级专家或巨星会把看到的东西记住，并自动处理成图片或形态，不论是抽象的还是具体的，比如刻苦练习的片段、影像，自己的意念，以及当时的场外信息，他们都会将其深深地刻在脑海里，形成"心理表征"（mental representation）。

形成心理表征

鲁尼和其他擅长运用心理表征的能手，在锻炼的时候，会像计算机内存进行分工一样，把平日的练习和对抗的片段，先暂存于大脑里的短时记忆（short term memory）中，正如计算机会把当下运行的数据刻进 RAM[1]。当他们在大脑中进行反复刻存，进而形成心理表征后，大脑又会像计算机把临时记忆由 RAM 移至 SSD[2] 一样，把那些短暂的记忆以独特的方式存储进大脑的长时记忆（long term memory）中。这样一来，他们通过心理表征，用独特的线路把这些处理过的信息和图像链接起来，形成了自己独有的模拟和记忆，

---

[1] RAM (Random Access Memory)，随机存取存储器，一种可安放临时记忆、可随时快速读写的硬件。
[2] SSD (Solid-State Drive)，固态硬盘，一种高速运转而又可随机读写的大容量硬盘。

大脑就能像那些高速运转的大容量固态硬盘一样，既能储存大量内容，又能快速地绕过性能和容量均受限制的短时记忆，从而让大脑在遇到混乱的场景时，可以从海量的内存和模拟中迅速地对比、筛选、识别和解读，继而从容地给出快速的自然反应。[1]

鲁尼和内维尔，一个是前锋（后来也兼职中场），一个是后卫。他们都是使用心理表征的佼佼者。鲁尼与C罗、梅西同期上位，成就虽然不及二者，但他在足球场上是一位天生的射手，观察能力极强，是少数能纵览全局的球员。2019年6月27日，在他职业生涯晚期的一场美国职业足球大联盟（Major League Soccer，MLS）赛事上，他所在的华盛顿特区联足球俱乐部（D.C. United）对阵奥兰多城足球俱乐部（Orlando City SC），比赛进行到第10分钟时，华盛顿特区联得球反击，鲁尼在己方半场迎接皮球时，竟然在没有控球的情况下，直接一脚大力吊射，对方的门将站位相对靠前，根本无力阻止足球入网。

鲁尼打入的这记吊射进球，入门位置距离中圈线还有几米，算下来他的这次射门距离有60米左右，毫无疑问，这是一记让人目瞪口呆的超级世界波。

可见鲁尼的视野是何等的开阔，才能预先"看见"别人看不见的状况。

---

[1] Ericsson & Pool (2016) 对心理表征有详细的介绍；Montero (2016) 也有类似但不完全一致的论述。以RAM和SSD作比喻，参考阳志平（2019）。

高手能从乱象中迅速找到制胜之策，关键就是，他们的脑海里常常存在心理表征。[①] 表面上举重若轻，其实已经过千锤百炼。这不仅是血汗交加的苦练成果，也是绞尽脑汁的意念结晶。

---

① 这里所说的心理表征、意象模拟等，与前一章的分析瘫痪和临场失误虽然都是在讲"意"，但略有分别。心理表征大致上是指对大局、互动、对抗的综合思路模拟，是用我们脑海深层储存的印象来进行分析的；分析瘫痪则是指临场对细微的动作、位置等的重新计算。

当对手"不存在",你就赢了

意念可以很强大,强大到能够助你与"虎"同行而神色不变!

在职场、股市、法庭或球场上,大家都应该很习惯于看到少数的英才干将独当一面。他们在产品发布会上从容演讲、在投资市场点铁成金、在法庭上雄辩滔滔、在球场上潇洒出击……这些巨星身上真的有气场,在对阵中会给对手以不同程度的压力。

比如,曾长时间在高尔夫球场上独领风骚的泰格·伍兹。一份研究显示,在自 1996 年至 2010 年这 15 年间的 269 场职业高尔夫球赛中,伍兹充满杀气的状态给他的对手造成了显著的负面影响,即使对方也是高手,也会被杀气威慑。这杀气给伍兹带来的好处,是每年数以百万美元计的奖金。由于奖金池容量有限,当"老虎"吃掉了大份的肉,剩下的那一点肉就只能让大伙儿凑合着分了。

他的眼神

提出"老虎"效应的美国西北大学经济学教授詹妮弗·布朗（Jennifer Brown）是这样说的："一切都是心理作用。"布朗教授称之为"心理霸凌"（psychological intimidation）。

话说伍兹在他的当打之年真的有种霸气。只要是有他在场的比赛，他就会产生一股无形的杀气，给与他排名相近、哪怕只是有几分之差的对手造成压力，他的对手也会因此发挥失常。有多失常呢？从约 3.5 万次挥杆的样本中得来的数据看，排名在前 20 名的选手表现得最糟糕。在首圈或其他重大赛事之中，这些选手首圈和决赛周的平均杆数明显多出 0.6 杆和 1.4 杆。高尔夫球比赛中，杆数越高成绩越差。

有趣的是，相对于这些与伍兹实力接近的选手，原本并不入流的选手似乎并没有受到在统计学上如此显著的负面影响。这些计算已控制或排除了很多外部因素，比如，比赛是否在雨天进行、运动员是否带病上场、球场赛道的差异、媒体的压力、奖金的多少等。所以，剩下的因素就是伍兹的眼神。

价值百万美元

高尔夫球的 1 杆有多大的价值？我们都知道，高尔夫球比赛的第一名（可以有多个球手）和第二名，其成绩只差 1 杆上下。布朗及其团队计算,以伍兹的一位头号对手为例,其1杆就值1万美元。而另一位名列前茅的球手,每年平均要与伍兹同场(即同在一场巡回赛)12次,每次打72个洞,就有近百万美元之差。

而以伍兹鼎盛时期约5000万美元的赢球奖金来计算,他靠杀气得来的奖金,每年约值600万美元。这些溢价,就是在有(没有)杀气的情况下,其成绩与对手的差异扩大(缩小)的部分,也就是其他人本可分得而实际上分不到、被伍兹独享的部分。

高尔夫球的游戏规则,也许和文首所说的产品竞赛、金融投资、法庭申辩乃至足球对决有所不同。不过,其相同之处是,在某一时间节点上,赢家通吃;而想要赢,眼神很重要。

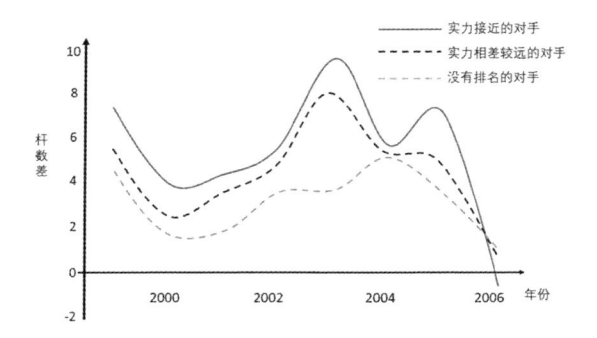

图28 决赛周中对手在"老虎"在场与否两种情况中的杆数差

说明:杆数差,是比较"老虎"在场与不在场时,各个对手在两种情况下所打得的杆数之差,实线平均值大(高),表示受"老虎"的气场影响大,差分特大。正数代表对手打不出自己应有的水平。
来源:Brown(2011),作者简化后制图。

杀气不在时

既然说在伍兹杀气腾腾的情况下,竞争对手会有异于平常的"较差"表现,那么这个故事自然还有下文。

数据还显示,只要伍兹不在场,名次排在他后面的球手,甚至其他不入流的球手都会有较好的表现。这说明一枚硬币有两面:一是杀气的确会影响对手;二是杀气也会消失的。一切只在于你的内心如何感应。

在2008年至2010年期间,伍兹因为膝盖受伤和外遇曾两度暂时休战。对于这两次事件,因为触发原因突然、没有先兆,被计量学者认为符合突发事件的分析架构,因此可以用计量和回归程序,把伍兹缺阵的情况和对参赛选手的影响,以较科学的方法呈现出来。

布朗及其团队把伍兹因伤缺阵时这些选手的比赛结果,与这些选手在和伍兹同场比赛中的得分做对比之后,得出了皆大欢喜的结果。首先,在伍兹疗养期间,那些常与他短兵相接的一、二流球手,甚至一些不入流的球手,在决赛周的表现往往一反常态——一颗颗高尔夫球像能反地心引力似的飞得又远又准。数据还显示,没有伍兹在场时,参赛的一、二流球手和其他排名靠后的球手,平均少打了3.9杆、5.6杆和5.8杆,其统计显著性高达1%(统计显著性数值越小越好,通常以1%为最显著)。还有,2009年,当伍兹忙于应对私生活的突变时,他的对手打出了非常优异的成绩,平均少打了3.5杆。

以几个当时与伍兹齐名的球手为例,2010年美国职业高尔夫协会锦标赛(PGA)排名第二的吉姆·福瑞克(Jim Furyk),在与伍兹同场时，分别以标准杆下3杆和6杆的成绩完成了2007年和2009年的AT＆T圆石滩全美职业及业余高尔夫锦标赛（AT＆T Pebble Beach National Pro-Am）。但2008年伍兹不在赛场时，他打出了标准杆下9杆的优异成绩。另一位名宿——2008年PGA排名第一的维吉·辛格（Vijay Singh），与伍兹同场时打出了高于标准杆15杆和仅仅平标准杆的"惊人"成绩；而伍兹不在场时，维吉·辛格在同一赛道里挥出了低于标准杆10杆的亮丽成绩。

所以，布朗及其团队指出，与"虎"同台竞技时，大部分人在现场会被伍兹的气势所震慑，因触目而惊心，败在了心理战上。

内心坚定更重要

对比篮球、足球、排球、网球等球类运动，单就高尔夫球的比赛形式而言，竞赛者之间并非完全短兵相接、直接对抗。也就是说，高尔夫球大有自我竞争的态势。由此可以引申，在"老虎"环伺的比赛中，较劲的各方要学的是"视而不见、漠不关心"，而不仅仅要优化自己的打法。过度关注对手的招术会让自己陷入被动，未战先输，因为球手在压力的作用下容易失分。而且，临场发挥时，多一分臂力、侧半个脚步，对高尔夫球的落点虽然有影响，但影响有限。布朗及其团队的研究数据已经告诉大家，净化自己的内心世界，拒（敌）人于千里之外，更容易得胜。

以强大的意念对抗对手的眼神，或许会有令人意外的收获。

"若不是"是最高境界？

意念，是主宰成败的关键，其中一种被称为"反事实"（counterfactuals）的特殊意识，是因果关系阶梯中的最高一级。

电影《模仿游戏》（*The Imitation Game*）讲述了 AI 之父、英国人艾伦·图灵（Alan Turing）破解纳粹德军传输密码的故事。我们称图灵为 AI 之父，他说出了人类的优势，即人类可以想象。所谓"想"，不是随心所欲地想，而是一种基于现实的反面想象，即"反事实"，也就是想象"若不是……"。"图灵奖"被视作计算机科学界的诺贝尔奖，其得主之一朱迪亚·珀尔（Judea Pearl）曾形容，由图灵所开启的"因果革命"便是建立在反面想象之上的。珀尔说："反事实位列因果关系阶梯之顶端……它是人类意识进化的关键。"

图灵掌门人的因果革命

在《为什么：关于因果关系的新科学》（*The Book of Why: The New Science of Cause and Effect*）一书中，朱迪亚·珀尔列出了因果关系的三层阶梯：第一层是关联，第二层是干预，第三层是反事实。也就是说，我们凭借自己天生复杂无比，却又创意无限的大脑，常常可以跳出现实，对一切已发生的"X → Y"，以"如果不是……"的方式重新演绎一次。这不是简单倒带回放，而是在脑海里"做了手脚"，把焦点从"X 到底是 0 还是 1"转移到另一个视角之中，想象"假如……那么……"（what if），想象一个没有发生过的、与现实恰恰相反的另类世界。①

想识别反事实，就要请大家戴上福尔摩斯的眼镜，想象一下"嫌疑犯（数据）没有说的话"。全球身价最高的足球运动员和"世界足球先生"大多是神射手或中场指挥官，他们在场上的作用能直观地展示在球迷和俱乐部老板的眼前，其神勇的进球和致胜的长传都是赏心悦目、令人赞叹的。更重要的是，进球数是记在积分板上的，会成为历史数据。这符合因果阶梯的前两层，进球与成绩相关，所以花高价买前锋是积极的干预。

可是，当我们用反面想象的角度思考，就会有意想不到的发现。

---

① 不是所有的"假如"都是有用的想象，如"早知道彩票号码"等，便不符合因果关系阶梯前两层的基础规律，所以也许只能被叫作"狂想"或"幻想"。这等幻想常在你我心间，是我们的心灵慰藉，却不是我们成为巨星所需要的反面想象。

比赛的胜负，是进球的较量，但也是"不失球"的对决。积分板上显示的得分只是一部分，虽然得分很重要，却也遗漏了数据的另一面。反事实就是要我们想象一下积分板没有说出来的故事。

疑犯："因为X，所以Y。"

福尔摩斯："假如没有X，是否仍然是Y？"

图 29 嫌疑犯没有说的话

来源：作者制图。

反事实解读"无招胜有招"

保罗·马尔蒂尼（Paolo Maldini）是个文质彬彬的左后卫，也是意大利国家队和 AC 米兰的代言人之一，他的出奇之处是"无招胜有招"。曼联的教练亚历克斯·弗格森是马尔蒂尼的粉丝，弗格森虽然多次被马尔蒂尼在阵的 AC 米兰打败，但难掩对马尔蒂尼的欣赏："我看过他在 AC 米兰与拜仁慕尼黑的对赛，整整 90 分钟他没有做出过一记拦截，这才叫艺术境界！"弗格森说的是马尔蒂尼跑动不多，不经常拦截对手；但他有很好的视野，能提前把对方前锋的路封死，不用出手便化解了攻势。注意，弗格森没有说马尔蒂尼有拦截准绳，他观察到的是更高阶的因果关系，是数据无法记录下来的反事实，是结合了现实世界中各位球员的跑动路线和位置，同时想象如果没有马尔蒂尼，AC 米兰将可能给拜仁慕尼黑有机可乘的反事实，这一事实要靠经验和智慧才能解读到。在马尔蒂尼和弗格森的心中，应该都有一幅幅特别的心理表征图，图中有许多的"假如"。马尔蒂尼甚至有这样一句话："假如我要出手，那么我就已经输了！"

外号"蝙蝠侠"的 NBA 球员肖恩·巴蒂尔（Shane Battier），是休斯顿火箭队（Houston Rockets）和迈阿密热火队（Miami Heat）的防守球员，他的本领是无声无息、不留痕迹地把像科比·布莱恩特这种名气比他大十倍的球员"钉死"。可是，一般人看到的他，只是一个运球呆滞、极少抢得到篮板球的普通球员，却不知道，只要他在阵，球队便输少赢多，他是"数据无痕的全明星"（the No-Stats All-Star）。[1]

---

[1] 见 Lewis (2009)，Barabási (2018)。

反面想象下的意识流

上文提到,根据朱迪亚·珀尔 "因果关系三阶梯之中最高阶是'反事实'"的思维模式,我们用复杂无比又创意无限的大脑就可以轻松地跨越现实,进入反面想象的世界。到目前为止,机器人对这项技能却望尘莫及,在人机大战的时代,末世论者天天都说人类即将被机械(泛指计算机、AI、程序)取代。然而,珀尔却说人类的这个绝招是机器人很难做到的。

有人问:"从反面想事情有那么难吗?"根据我对足球场景的了解和逻辑推理,对于这个问题,我认为珀尔可能会给出的答案是,"对机器人来说很难,对我们却易如反掌——如果我们在思考时能得其法"。若不信,且看巴黎圣日耳曼足球俱乐部(Paris Saint-Germain F.C.,简称"圣日耳曼")的王牌、法国国宝级前锋吉利安·姆巴佩(Kylian Mbappé)的一次带球出击,以及由此引发的教练的咆哮，正是个反面教材。

"反事实"是"反面想象"的正式说法。这种思考方法被珀尔定位在"因果阶梯"最顶端的第三层。这一层，超越了第一层的关联和第二层的干预等因果推导，它另辟蹊径，把焦点从"X 到底是有最大关系的 1（或 -1）还是完全无关的 0"转移到另一个视角之中（即 what if），也就是说，思考"如果我们当时没有这样做，而是那样做了，结果将会怎样呢？"

偏偏喜欢反面想象

我们设想这样一个场景：

姆巴佩带球出击时被后卫挡住去路。他有两个选择：要么以脚下的魔法骗过后卫，盘球过去，要么与队友三角短传避开并越过那个后卫。姆巴佩在电光石火间的计算中，选择独闯龙门，不料竟然失足，足球被后卫抢走了。

在姆巴佩的脑子里，应该有两组或更多组"潜在的结果"。这些结果正是由第三层的"假如"高于第二层的"干预"所致。

这一刻，姆巴佩丢了球，事情已然发生了，该"处理"的情况都已经处理了，没有人能让时光倒流。已经丢球的前锋不能重新选择和队友组成三角短传。可是，人的大脑偏偏喜欢反面的想象。在这一刻，姆巴佩的脑袋里也许在想：假如当时我把足球交给队友，那后卫是否会很沮丧呢？

有用的"潜在的结果",不是那些天方夜谭的幻想(比如幻想我天生就有梅西或 C 罗的脚法),而要合乎因果阶梯第一层的相关性检验(从姆巴佩过往的无数次训练和比赛中总结出来的破敌经验),并要依从第二层"干预导致结果"的模拟设想(自己脚下的传球、迎球、跑动和越过后卫等动作)。因此,这个默契的配合,以及由此而产生的轻松甩掉后卫,使其垂头丧气的这一"潜在的结果",刹那间构成了一个反事实,并生成于姆巴佩的大脑中。

不是随心所欲,而要想得其法

这个故事可以这样延续:丢球之后,教练在场边暴跳如雷,他大吼道:"在这种情况下,你应该把球传给队友!"

这句咆哮同样是"反事实"的思维模式所致,含义其实挺复杂的。

首先,"你应该"是说姆巴佩早已学过三角短传,事后看来这个选项优于他自以为是而导致最终丢球的做法,所以教练才吼道"你应该……",即如果他遵从训练干预(第二层)的原则,他应该会在反面想象(第三层)的世界里过了关。

其次,"在这种情况下"是什么意思呢?对任何人(包括机器人)来说,已经发生了的事情都不可能完全一样地再发生一次,位置、动作、环境等因素都可能改变。那么,教练所说的"在这种情况下",对球员来说就是很有意义的指导。但如果说给机器人听,它会无所适从——场景太多、参数太复杂，代号编码又会出现怎样的一致或不同之处呢？（珀尔还列举了智能吸尘器在客厅因参数相冲而死机的例子。）而且，教练还要求他想象出来的结果要与实际经验相反，而所谓相反，又不是所有的因素都相反……

最后，教练在指示前锋"应该把球传给队友"时，就是想要前锋明白，是自己的行为导致了丢球，那么，下次若再有类似的情况，姆巴佩就要把球传给队友，那是在自由意志下的选择偏向。

那家伙想象不了的！

这些"反事实"与真事实，均是在姆巴佩和教练的意识流中发生的。现实是球已经丢了，如果球员是机器人，它早就跑去追足球了，哪里还有空听教练发牢骚呢？

即便是水平一般的球员，下次也会自然地学乖了（姆巴佩其实也不是吃独食，他的绝杀技是以闪电身法甩掉对手）。但机器人却会无从下手。珀尔认为，让机器人从失败中自我学习、思考并反省时，"我应该传球"是"强 AI"要攻克的一道厚厚的壁垒。机器人是程序的集结，纵然它有深度学习的能力，但它没有人类（哪怕是三岁的小孩）所拥有的"自由意志"，暂时还没有喜欢冒险、试验和检验一些不可预知的选项的能力。

在许多复杂的场景之中，"我们"就算不是球场巨星，也能打败机器人。

点球决胜的因果关系

社会现象总是因果交替,要追根溯源很困难,容易搞得一团糟。上文提到的反面想象有助于我们从罚点球的场景中透视因果关系。反面想象可以为我们提供一条线索,助我们从千头万绪、混沌朦胧之中找到一把开笼解困的钥匙、一个抽丝剥茧的线头。

以 2021 年欧洲足球锦标赛(UEFA EURO 2020)[①]的决赛为例,主场英格兰对战意大利,双雄要互射点球决出胜负。英格兰第 3 至第 5 名的射手全部罚丢点球,意大利队反败为胜。赛后,球迷不停地用言语挞伐英格兰队中丢球的 3 名黑人球员,不免有歧视排外之嫌。让我们从"反事实"的角度来看这次丢球,助大家追因索由。

"如果……会怎样"(what if)、"若非"(but for)这些

[①] 受疫情影响,原定于 2020 年夏天举行的决赛周延至 2021 年的夏天才进行,但为统一口径,赛事沿用"UEFA EURO 2020"这个名称。

反面想象或"反事实",是一种"若不是有我在"的思考方式,常出现于刑事法庭、保险索赔、球队的口水战中——"假如凶手没有开枪人就不会死""假如没有人点火工厂就不会被烧毁""要不是我身手灵活球队肯定会失球"。这其实是包含了"必要因子"的一种说法。

点球事件重演

2021 年的欧洲足球锦标赛决赛中,英格兰队的第 5 名射手是非裔英籍球员布卡约·萨卡(Bukayo Saka),英格兰队以 2∶3 落后,只要萨卡射门失败,意大利队就能称王。只见 19 岁的萨卡摆好足球,在小步助跑后止步并抬起左脚射球,足球飞向自己的强方(即球门的左方),目标属于保险型的门柱内 1/4 点,却轻而易举地被小步扑向左方的守门员挡住了($X=1$),意大利队成功阻止了对方的进球($Y=1$)。

以"反事实"的方式思考就是要问,当已经看到守门员成功扑球后,反过来假想"如果没扑到",即如果 $X=0$(即守门员扑错了方向),那么失球($Y=0$)的概率有多大?按萨卡射球的路线(柱内 1/4 点)推算,$Y=0$ 的概率应是 100%,也就是说,$X=1$(守门员扑对方向)是 $Y=1$ 的必要因子,要阻止对方进球必须扑对方向。

在事件的重演中,两种结果(即真实世界中守门员扑对时的 $X=1$ 和反面想象中扑错时的 $X=0$)同时在所有人的脑海里出现了,这种"明明已知结果还要假设没有结果"的思考方法，被称为具备"两个世界并存的后视偏差"式思维。依此，我们才能肯定足球会飞向柱内的 1/4 点，而守门员必须扑对方向才能阻止进球。所以其中的因果关系为，英格兰无缘奖杯的必要因子是意大利队的守门员扑对了方向，而不是萨卡射错了方向。

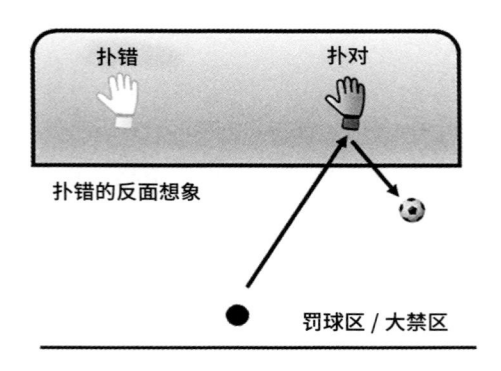

图 30　守门员扑对球是必要因子

来源：作者制图。

既然已在反面想象的世界中，不妨再从其他的丢球中继续设想"假如"。10 个点球有 5 个罚丢，意大利队的两个点球都被英格兰队扑出，据此设想"假如"后的结果与前一个案例中的同理；不过，意大利队的第 4 名射手在 2：2 的比分下表演了艺高人胆大的中间挑射球，实在令人佩服。

英格兰队的第 3 名射手马库斯·拉什福德（Marcus Rashford），名字中虽有个福字，现实中却欠缺好运气。虽然守门员扑错了方向，但拉什福德的球却射中了球门柱，球因而被弹出。这个唯一的网外球，被判定丢分与对手无关。其影响是，英格兰队后两名射手杰登·桑乔（Jadon Sancho）和萨卡的射门角度都不如前两名射手那样刁钻，即都射到了球门柱内 1/4 处附近，这让意大利队的守门员詹路易吉·唐纳鲁马（Gianluigi Donnarumma）凭借超人的反应在看清足球的来路后闪身飞扑，为意大利队扑出了这两个近身球。唐纳鲁马因此被选为决赛周的最佳球员，实属当之无愧。这对守门员来说是非常罕见的荣耀。以往的欧洲足球锦标赛上，最佳球员都颁给了前锋或中场球员，就算是著名的后卫也只得过一次最佳球员，这次颁给守门员是前无古人的！

点球决胜的前后因果理应较为清晰，但现实是，导致英格兰队丢球的三个射手都遭到了网民或球迷的网暴或谩骂。社会现象的因果关系似乎更加扑朔迷离，难怪时有倒果为因的奇谈怪论。

充分因子有多充分

讲了必要因子，也一定要讲讲充分因子。有一个类自然实验，就出现在 2021 年 10 月法国巴黎的一场欧联大战中。在这场比赛中，大家看到梅西进了球，而姆巴佩则丢了球。一得一失，正好可以用来对照解构因果关系的第二部分。

我们来重温一下圣日耳曼对战德国莱比锡红牛足球俱乐部（RB Leipzig，简称"莱比锡红牛"）的比赛。赛末是梅西奠定胜果的一记点球，他选择将球射向球门中间。当时，梅西碎步跑向足球，轻轻一勾，足球就以小弧形曲线坠落，钻进球网。守门员猜错方向，纵身向左侧飞扑，却只能目送足球从自己脚边破网而入。加时赛阶段，圣日耳曼队再获得一个点球。这次由姆巴佩来射球，他用自创的三步式助跑从罚球点大力抽射，虽然与梅西一样选择射向球门中间，守门员也再次扑错方向，但在所有条件几乎都一样的情况下，姆巴佩的这一脚球却越过球门顶端而去，圣日耳曼也错失了拉开比分的机会。

重温上面的片段，我们可以看到一个非常接近自然实验的场景。在这种实验里，观众就像科学家，我们没有干预比赛（实验），一切都是自然发生的。而在所有条件几乎都一样的情况下，是姆巴佩自己射门失败了。

上文我们说到，守门员扑球成功是英格兰队输而意大利队赢的必要条件。那么，姆巴佩射球失败则是圣日耳曼没有进球或莱比锡红牛没有多输一球的充分条件。

第一个原因是，姆巴佩把球射高了，所以不管守门员怎样扑救，哪怕什么都不做，只是待在那里，姆巴佩的射门也将失败。但这个原因还不够充分。第二个原因是，守门员也扑错了方向。两个原因叠加，才能够充分地从反面说明问题。因为在想象的世界中，只要姆巴佩射中球门的中间位置，他就一定可以制造进球。所以，是他有失准头——失准头的反面就是球射得好、射到了中间，这个没有出现的行为（the action not taken）就是反事实——是"不进球"这一结果的充分因子。[1]

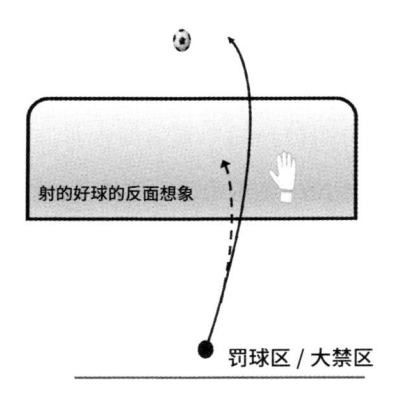

射的好球的反面想象

罚球区 / 大禁区

图 31　球员射不好球是充分因子

来源：作者制图。

你看，这一切是不是都只发生在我们反面想象的世界中？

因果关系不易厘清

有人可能会问："因果关系不是很基础吗？为什么在今天遍地都是大数据的情况下，你却还要喋喋不休地讲这个自古希腊以来就是老生常谈的类哲学问题呢？"

其实，因果关系从来都不是一个容易解释的问题，过去也只是

---

[1] 充分因子机率 =P（Y1=1 | X=0，Y=0）。已知姆巴佩射球失败和守门员扑错（X=0），没有入球（Y=0），那么，Y1 就是姆巴佩射中球门时的入球机率。Y1 越高（例如是 1），则姆巴佩的丢球越充分地导致了不入球。参考 Pearl et al.（2016）。

被模糊地回答了，现在大数据也只解决了一部分的疑难问题，比如通过物联网、传感器和 5G 技术等，我们可以掌握更多可任意调整格式的数据。数据的确多了，但如果我们视觉错乱的话，许多因果混杂甚至互不相干的东西，都会被扯进来。现在有些人的图表确实画得令人震撼，但其分析推导却令人啼笑皆非。写程序时，如果因果关系都没有厘清，你让程序员怎么写下去？

诺贝尔奖的因果关系

2021 年新鲜出炉了三位诺贝尔经济学奖得主，他们创造性地利用了自然实验的实证研究。他们把美国当年立法设置的最低工资对工人就业的影响这一因果关系写成了令人拍案叫绝的研究报告，因而得此殊荣。

最低工资在关于足球世界的论文写作中很少被提及，可能是因为英超和法甲的球星们近年来所领的工资，都很难称得上是最低工资。如果有能人异士对球星的最高工资和进（丢）球做个实证因果关系分析，也许会吸引诺贝尔奖评审团的目光。

身价飞升之谜

普通人如果看到结果 Y，通常会从看得见或已经发生的事（人）中寻找原因 X；从没有发生过的事（人）中寻找因子，是一种知易行难的逆向思维，这也反映了卡尼曼所说的"眼见即为事件全貌"（What you see is all there is）的偏见。① 所以，球队前锋以巨额身价成交的情况很普遍，"世界足球先生"是中前场球员的情形似乎也很合理。然而，近年的新思维却有助于后防大将在身价上追赶前锋。

要学福尔摩斯侦破"嫌疑犯没有说的话"的确很困难，反事实除了在个别事件（球员）上难以被识别之外，另一个盲点是，它在总体上同样不容易被辨认出来。利物浦球队称王称霸，很多分析都

---

① 卡尼曼认为"What you see is all there is"的偏见是"系统1"的一大弱点。但是，只以"看得见摸得着"的事物为事实、忘记反事实的思考方法，在慢想的"系统2"也同样存在。我们有时候很容易会有"类"反事实的想象（早知道彩票号码），有时（甚至是长时间的）又会把它忘掉，这是大师们努力要解决的问题。

说是因为它有钱，有德国的战术大师，或者有"埃及梅西"助阵，这都是"眼见为实"的思维。提到冷门莱斯特城足球俱乐部（Leicester City F.C.）意外夺冠，人们才会反过来想，一方之所以得胜，是否是对方（强队）没有做好所致，但这只是随意进行的反面想象。

更积极的一步是，我们以从反面想象出来的东西，把"潜在的结果"[①]量化和形象化，让人们可以像鲁尼和内维尔那样，私下里用心理表征图反复进行回放，效果会更显著。让我们看看图32。

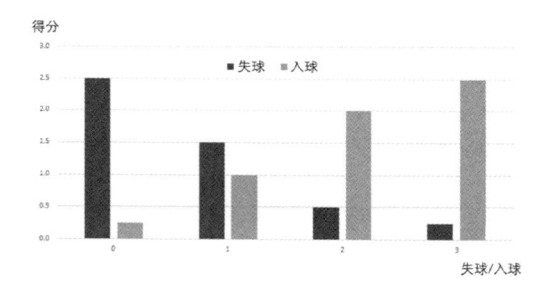

图 32 得分比：失球 VS 射球入网

来源：Anderson & Sally (2013)，作者调整及取整数值后制图。

上图把平时没有出现的反事实，即拗口的"没有被射入的球"聪明地显示出来了。研究人员以 2001 年 2 月至 2010 年 11 月期间英超 10 个赛季的进（失）球和分数为基础，做了统计研究。特别之处是，研究人员丢弃了在研究中常见的"得失球率"——进球和

[①] "潜在的结果"是一个统称，是多个统计学、计量学、经济学、数学、计算机工程和人工智能的专家自 1970 年来的集体创作的成果。代表人物除了珀尔外，还包括唐纳德·鲁宾（Donald Rubin）和詹姆斯·赫克曼（James Heckman），后者是诺贝尔经济学奖获得者。

失球的比率，找出了零失球时球队的得分取而代之：打平得 1 分、打赢得 3 分。将零失球的得分和进球的得分进行比较，后者是球队在比赛有进球时取得的分数，当然，进球不一定会赢，得分可以是 0（败）、1 或 3（胜）。

研究结果发现，射入 1 个球时，球队平均会抢得 1 分，"眼见即为事件全貌"，这也是前锋值钱的原因。可是，在逆向思维下进行反面想象的结果是：第一，保住零失球的比赛，球队平均能取得 2.5 分，这是进 1 个球得分的 2.5 倍；第二，就算不是零失球，而是仅失 1 球，仍然能抢得 1.5 分，比射入 1 球时的得分仍要高出 50%；第三，换个角度问，球队要射入多少个球方能取得 2.5 分？答案是要射入 3 个球！

没有进网的球原来比从网窝里捡出来的球更有价值。这是否有点反直觉？用反事实这种逆向思维作为投资的策略，也许是近年后卫和守门员身价飞涨的动力之一，荷兰的维吉尔·范迪克（Virgil van Dijk）、英格兰的哈里·马圭尔（Harry Maguire）、法国的卢卡斯·埃尔南德斯（Lucas Hernandez）等后防大将，或西班牙的守门员凯帕·阿里萨瓦拉加（Kepa Arrizabalaga），其身价应该不是随便喊出来的。

而上文提及的意大利门将詹路易吉·唐纳鲁马，其身价高达 6500 万欧元，是 2021 年夏天至 2022 年初身价最高的守门员。

眼睛所见到的只是事实的一部分。社会经济现象中许多隐蔽的秘密，是需要我们用经验、想象和逆向思维才可以探寻到的。

Superstar Economics

第三部分
巨星企业经济

　　巨星，指人，也指体育产业中的巨星企业。本书的第三部分将带你离开"少室山"上的"诺贝尔足球"，下山到"华尔街足球"里当实习生，一窥全球市值最高的体育界巨星企业的风采。[①]说白了，我要讲一讲"钱"！在这里，我将把体育产业视为可投资的领域，而不是苦练脚法的地方。我将教大家学习莱昂纳多·迪卡普里奥（Leonardo DiCaprio）饰演"华尔街之狼"，而不是效法周星驰用鸡蛋苦练控球。

　　身处华尔街，大家将化身金融分析师，登门拜访各个公司，看看体育领域的上市公司、行业巨头是怎样炼金的。其中的耐克（Nike）、阿迪达斯（Adidas）和彪马（Puma）三大传统巨头，

---

① 若以市值计算，其实来自中国内地并在中国香港上市的安踏和李宁，自2021年起就已经名列前茅。由于本部分内容旨在把国外企业的情况介绍给读者，所以没有把这两者加进来。

其创始人皆自家中的厨房或杂物房中做起,他们后来的致富之路也都跌宕起伏,相互之间的拳脚往来也引人入胜。接着,我们将引入近年兴起的、引领人们以静制动的露露乐蒙(Lululemon)的故事,领略其创始人如何在动与静之间做成了百亿级的上市企业。

但若以金额计算,以上"滴汗"四杰却又比不上接下来出场的、以转播和流量为主场的几个传媒大腕。2016年至2018年期间,迪士尼(Disney)、福克斯电视台(Fox TV)和康卡斯特(CMCSA)之间爆发了一场横跨大西洋、价值千亿的"天空之战"。这场没有硝烟的大战,以前所未有的方式把体育产业的真正价值——因吸引眼球而非挥洒汗水赚到的钞票——摆在了人们的眼前。

好了,汽笛声响了,咱们出发吧!

耐克的创业基因

古人云三岁看老。跨进元宇宙时代后，创业是许多年轻玩家嘴里最常出现的时髦词汇。一个曾经玩世不恭、靠向父母借钱度日的迷茫少年创办了一家体育界的巨无霸企业，以身教的方式告诉我们，作为凡人，儿时的梦也许会决定我们将来的成就。

全球体育产业中，市值最高的公司，是业务遍布世界各地的耐克，其市值逾 2000 亿美元。截至 2021 年 5 月，耐克年度营业额约为 445 亿美元，净利润约为 57 亿美元，历史市盈率为 30～40 倍。根据投资银行摩根士丹利的报告，耐克的营业额中，约有 38% 来自北美，26% 来自欧洲、中东和非洲地区，19% 来自大中华区。大中华区以 39% 的税前利润率[①]成为全球各区之冠，比第二位北美

---

① 耐克没有把美国总部的成本分摊至各个地区，这里涉及的利润率及其后的利润，均为不计入总部成本的算法，这方便我们就地区之间的差异作个对等的比较。

的利润率高出 10%，为企业贡献的利润占总利润的 36%，3 年的平均销售增长率为 20%，可见增长势头的迅猛。

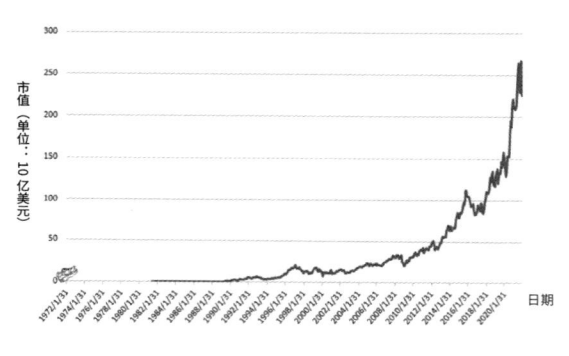

图 33　耐克自上市以来的市值变化

来源：彭博社。

体育行业中排名第二的公司是阿迪达斯，其市值约为耐克的 1/4，市盈率只有耐克的 70% 左右。

耐克于 1972 年横空出世，至今已有半个世纪的历史，经历了从无到有，继而成长为行业巨擘的过程，虽不算快，但也是跌宕起伏、九死一生。

创业是门功课

菲利普·奈特（Philip Knight）出生于美国西部的俄勒冈州（Oregon）的一个小富之家，有一对双胞胎姐姐。他的父亲是个律师，曾是共和党众议员，后来继承了当地的一家报社，成为一名出版人，小有成就。奈特自幼酷爱各项运动，尤其擅长中长跑。他在俄亥俄州立大学读新闻系时，暑假曾在一家报社的体育版块做资料搜集员，据说当年奈特就有了每天跑步 11 公里的习惯。在大学里，他还与慕尼黑奥运会美国径赛传奇教练比尔·鲍尔曼（Bill Bowerman）成了亦师亦友的忘年之交。

1959 年，奈特大学毕业后，没有什么就业方向。他当过兵，但未发一弹就退役了，之后去斯坦福大学读 MBA，并在创业课上写了一份商业计划书，这被视为耐克的原型。当时，德国的阿迪达斯和彪马已是球鞋业的霸主，奈特却要剑走偏锋。和当时的年轻美国人一样，他对日本文化有种莫明的倾慕，于是便产生了要代理日本运动鞋这个有点天方夜谭的想法。

MBA 毕业后，奈特没有投身华尔街，反而向一直不怎么支持他，但也不会打压他的父亲借钱，买了一张单程机票，并说服他的一个同学和他一起环游世界。他们到了火奴鲁鲁（Honolulu）时却停了下来，其间奈特在沙滩酒吧当酒保，还做过股票经纪人。后来他们去了日本神户，奈特居然约到了当时已是潮牌的鬼塚虎公司（Onitsuka Tiger），并召开了一场推介会。

会议室内，面对四个正襟危坐的日本职业经理人，连皮包公司都没有的奈特，却穿上了华尔街的制服——布克兄弟（Brook Brothers）牌西装，充分发挥了他的演讲能力，把两年前的创业课作业一字不漏地背了出来，将美国市场分析得头头是道。

日本经理人在半信半疑中按捺不住，打断了奈特的慷慨陈词，问道："奈特先生，你所属的公司是？"

奈特在没有任何准备的情况下，灵光一闪，他当年跑步得奖时的蓝色丝带忽然在脑子里跳了出来，于是他脱口而出："蓝带体育（Blue Ribbon Sports）！"这次会议在友好的气氛中结束了。

副业成大业

1963年，奈特25岁，他结束了两年多的流浪生活返回老家。之后他并没有马上创业，原因只有一个：他穷得只剩下力气了！后来，在父亲的推荐下，奈特找了一份会计工作，又考了注册会计师执照（CPA），当上了审计师，算是有了稳定的收入。

但奈特没有放弃卖鞋的想法，某日，他收到鬼塚虎公司寄来的样鞋后，立马把鞋带给鲍尔曼试穿。他的这位饱经风霜的老师一直想自行研发跑鞋，此时如获至宝。奈特原本只想请鲍尔曼帮忙推荐他代理的球鞋，没想到鲍尔曼竟然说要出资，并且占比高达49%！

就这样，奈特1960年的一项课堂作业，居然成了现实。当时，蓝带体育公司的办公室、陈列室和仓库都在奈特父母家中的一个杂物房里。

忍辱负重

至20世纪70年代初期，奈特尚处于梦想成真的亢奋中，满足于能够独家代理并将日本跑鞋引入美国市场的成就中。却不想，当时年营业额约 2200 万美元的鬼塚虎公司，嫌奈特的公司规模太小（1969 年营业额只有 30 万美元），在合作不久后，鬼塚虎公司就开始一边在美国穿州过省地另寻代理，一边又经常到奈特的公司里巡视，既傲慢又置独家协议于不顾，让奈特多次想当面报以老拳。

奈特亦非善茬，他先是忍辱负重，以"卧底"身份取得了鬼塚虎公司的机密文件，之后，与自己公司当时的几个主管于危城下决定兵行险招，找了另一家日本贸易公司当融资后台，垫资给蓝带体育公司以向厂家订货。

有一个现在看来像是趣闻、在当时却是千钧一发的事件，就是"Nike"这个名字和那个"对勾"形设计的由来。传奇教练兼耐克创始人之一的鲍尔曼根据鬼塚虎的球鞋，为美国跑步运动员量"脚"定制了鞋型。奈特等人依此做出了改良版的球鞋，又到墨西哥找了一家鞋厂，签订了生产合同。到了球鞋准备量产之际，他们才想到球鞋要有品牌名字和图案，这才开始临时抱佛脚。

奈特在俄亥俄州立大学找了一个在读的设计系女生，让她画了一些表现"动感"的图案，然后，其团队成员决定花 35 美元买下了一个以跑步运动员的飞驰感为设计原型的图案，意指运动员像一阵风似的嗖的一声跑过。

团队成员在拍板前曾问奈特是否喜欢这个图案，他只是叹了口气，说："我不喜欢，不过，也许它慢慢会感动我！"

取名的过程就更为纠结了。团队成员左思右想却不得要领,之后,一位身处外地的销售主管说自己做了个梦,梦到了古希腊神话中胜利女神(Nike)的名字。大家一时面面相觑,遂又由奈特拍板,他同样蹦出这么一句:"让它慢慢地感动我们吧!"

奈特把这个新产品和公司代理的鬼塚虎球鞋一起放到市场上出售,很快就被鬼塚虎公司发现了,于是鬼塚虎公司带着律师团上门向奈特问罪。当时是 1972 年,除了代理鬼塚虎的产品所得的销售额之外,奈特公司只有 8000 美元的销售额。于是,这家略比皮包公司健全、有名称有设计(但收入少)的公司,和它最大的供货商打起官司,而奈特的法律代表是他的一个说话结巴的表哥。

这场官司一打就是两年,奈特居然打赢了官司,还获得了 40 万美元的赔偿!奈特豁出去、打不死的性格,在这件事情中表露无遗。这种逆势翻盘的情况,在 20 世纪 70 年代中期也出现过。当时,耐克曾被当地保守的小商业银行切断了信用贷款,后来美国税务局在其竞争对手的恶意布局下向耐克开出了天价罚单(即税款 2500 万美元,而当时的耐克两年的营业额一共才 1 亿美元)。再之后,还遭遇过首次公开募股(Initial Public Offering,缩写为 IPO)[①]时被投行压价的事件。

最终,耐克于 1980 年 12 月 2 日在纽约以同股不同权的方式上市,市值约 3.5 亿美元,奈特持股约 46%,创业团队占股约 20%,

---

① 首次公开募股是指一家企业第一次将它的股份向公众出售,即"上市"。

耐克当时的销售额已达 2.7 亿美元（2021 年的销售额约为 445 亿美元）。

运动精神

推动奈特一路走来的动力是什么呢？

投身于运动产业，奈特的追求如他所言："虽然成不了伟大的运动员，但我要找到一个行业，让我能体会到运动员的感受，能让我每天的工作不是在形役地上班，而是在运动竞技，能让我的工作和生活就像在享受运动竞技一样……"

他还解释了运动产业是如何牵动人心的："当运动员冲刺的一刹那，那种胜利时的疯狂喜悦或失败时的无穷沮丧，就是竞赛带给人的直接感受，它也可以让所有观众感同身受，并走进运动员的世界中。观众与运动员融为一体的刹那间，就是体育行业最有感染力的时刻。"

在人生最黑暗的日子里，撑起奈特的，正是鲍尔曼这段至理名言："从布满泥泞和青苔的路上挣扎过来的人，都明白这个道理：懦夫永远没有起跑，弱者会死在路上，女士们，先生们，那就只剩下我们啦！"[①]

[①] 本文中的参考数据来自 Knight（2016）；上述引文的中文译文是作者自译。

阿迪达斯定义运动行业的国际化

在一众大型运动品牌公司中，阿迪达斯的历史最悠久，或许还是国际化程度最高的一家企业。阿迪达斯成立之初那种精雕细琢、追求完美的工匠精神，及其二代掌门人遵循的重商主义，把专业的竞技小众产品，极力予以商品化和市场化，从而把阿迪达斯推向了第一个商业高峰。甚至有人说，阿迪达斯的成功定义了运动产业。

工匠精神

20世纪初也许是欧洲文明的一个高峰。在工业革命的推动下，欧洲的生产力进一步提高，社会富裕了，各个阶层的民众都有了条件开展一些活动来强身健体。运动，是休闲，也是欧洲商贾权贵间的必要社交。由于战争频发，欧洲各国政府都明白国民身体素质对国家安全的重要性，因此积极推动全民运动。发达的通讯科技造就了几个由欧洲人主导的世界性运动组织，国际奥林匹克委员会（下称"国际奥委会"）和后来的国际足联先后成立。这股运动之风的兴起，以二战前纳粹党成为德国执政党后，刻意组织的1936年柏林奥运会为标志。

在这种全民体育运动的氛围之中，阿迪达斯的崛起就显得水到渠成。阿迪达斯的前身是一对德国兄弟鲁道夫·达斯勒（Rudolf Dassler）和阿道夫·阿迪·达斯勒（Adolf Adi Dassler）[①]于1920年创办的一家鞋厂。当时，在德国南部一个叫黑措根奥拉赫（Herzogenaurach）的小镇，达斯勒两兄弟在家里的洗衣房创办了一间家庭式的手工作坊。他们的父亲是做布料的，但到两兄弟接手时生意已在走下坡路，年轻的一代需要另寻出路。

两兄弟中，弟弟阿道夫是个技术派，酷爱亲手做鞋，热衷于技术创新，整天躲在车间里埋头苦干。哥哥鲁道夫则是个社交能手，长袖善舞，擅长销售。两人优势互补。1936年柏林奥运会上，来自美国的传奇飞人杰西·欧文斯（Jesse Owens）穿上了阿道夫亲手做的跑步钉鞋，鞋子以"三条杠"为标志，意在强调其承托力。

欧文斯一鸣惊人的百米演出，粉碎了纳粹德国领导人阿道夫·希特勒的野心，却捧红了另一个德国人阿道夫的跑鞋。从此这个"三条杠"品牌便走上了通过奥运体育赛事做产品营销和赞助

[①] 对于达斯勒家族成员，下文中我们都会用名字而不是姓氏来称呼。

运动员致富的康庄大道，并且定义了运动品牌营销行业的基本业态和竞争格局。1940年左右，兄弟俩的鞋厂年产量约为20万双。

德国战败投降后，这家鞋厂虽然没有受到重大牵连，却差点因兄弟反目而崩塌。哥哥鲁道夫作为对外代表，看不惯弟弟终日埋头车间、只搞研发的行为，加上两兄弟政见不同，最终导致两人关系决裂。鲁道夫带了一帮人前往河对面另起炉灶，给其品牌取名为"Puma"，而阿道夫则与剩下的人一起扛起业务，将自己的名和姓合并而成品牌名"Adidas"。此后，两家血脉相连、仅一河之隔的兄弟公司，便开始了半个世纪的明争暗斗。

运动商业化

家族分裂对阿迪达斯只产生了短暂的影响。阿迪达斯在阿道夫的小儿子霍斯特·达斯勒（Horst Dassler）不按常理出牌的打法之下，1950年至1970年间，业务飙升，开启了另一条运动品牌营销的道路——赛事版权的赞助营销。

在此之前，运动品牌营销时大多会不断寻找超级体育巨星做代言人，目的是卖产品，且由于各厂家的目标都差不多，因此赞助成本水涨船高，而竞争方式也越来越丑恶，贿赂等潜规则大行其道。

霍斯特经常与组织赛事的职业经理人混在一起，他慢慢发现，很多国际赛事表面上否定商业化，比如规定参赛选手只能是非职业运动员，运动员不能明目张胆地代言产品等，但这些经理人私底下其实是十分欢迎商业赞助的。于是，自 1974 年开始，霍斯特私下和几个英国的媒体公关联手，做起赛事策划和企业赞助这门油水颇丰的生意。他们的一个得意之作是，在 1978 年阿根廷世界杯足球赛中，一把就从可口可乐公司赚取了 800 万美元的赞助费。之后更是代表国际足联策划了电视转播版权的营销。霍斯特从国际足联的营销策划中获取经验之后，紧接着便瞄准了影响力更大的奥运会。同样地，其切入点已不单纯是球星选手的代言，而是各式各样的赞助（包括汽水、香烟、洗发水、电器等），以及后来的电视转播和广告。

因此，可以说，如今我们经常在公交车、高速公路、机场，或是在世界杯、奥运会上看到的广告，比如 C 罗在刷牙、费德勒神色凝重地看手表，以及电视屏幕上显示球员进球和积分的得分表下的商标图样，都是受到了阿道夫父子的启蒙。

德国版的宫斗剧

二战结束后至 20 世纪 70 年代，阿迪达斯体育产业的大规模商业化，取得了空前的成功，一时风光无两。然而，阿迪达斯光鲜背后却有一条两代人无法逾越的鸿沟，野心之下隐藏着一些不可告人的秘密。

阿迪达斯在 20 世纪五六十年代雄霸天下，把竞争对手德国彪马、美国匡威（Converse）和日本鬼塚虎甩到背后，全靠阿道夫和霍斯特这对貌合神离的父子兵。阿道夫是个内敛的工匠，对商业应酬毫无兴趣，他甚至对公司的发展和规模都显得漠不关心，只注重开发产品和提升生产技术水平。

霍斯特的性情却更像他的伯父鲁道夫。霍斯特是个天生的外交能手，左右逢源，能与世界各地的运动员、主办机构、企业赞助商、供货商，甚至媒体公关打成一片。霍斯特在法国公司附近包下了餐厅和酒店，专门招待星级运动员、企业CEO和跨国组织的代表；他还记录了重要客户的个人信息、喜好和每次与他们接触的细节。熟悉他的人甚至认为，这个私人档案集可媲美特工的情报档案。

霍斯特父子二人因性格迥异，关系日渐疏离，后来有了更多的龃龉。1959年，霍斯特被父亲放逐到法国东北部一个与德国接壤的城市兰德斯海姆（Landersheim）做业务"拓荒者"，德国总部便由父亲和几个姐姐打理。霍斯特倒没有气馁，在远离公司总部的环境中，犹如脱缰野马，把法国的业务做得有声有色。后来，阿迪达斯在法国的这个分公司居然能够与总部分庭抗礼。

最令人惊讶的是，由于霍斯特私下搞品牌多样化，默默地以第三方代持股份、注册空壳公司等手段，直接或间接地控股了法国公鸡（Le Coq Sportif）、西班牙阿瑞娜（Arena）[①]和美国波尼（Pony）等众多二线体育品牌。霍斯特一方面是想多品牌发展，增加阿迪达斯的综合影响力；同时也是从阿迪达斯与彪马当年的分裂事件中学会了要做好两手准备——万一被总部踢出局，他仍然有自己的嫡系

[①] 阿瑞娜被指有不同的发源地，比如意大利、美国、法国等，调查记者芭芭拉·斯密特（Barbara Smit）详细追踪后发现，阿瑞娜是霍斯特与西班牙人合作的私人生意。

部队，可以随时顶上。

私人宴会

霍斯特这种我行我素甚至出人意料的做法，延续到了20世纪七八十年代由他一手策划、专门做运动赞助和电视广告营销的私人公司中。这些公司的收入既没有纳入法国分公司的账，更没有并入德国总公司的库。其中包括霍斯特20世纪70年代与英国公关公司合作的一家瑞士体育公司，以及20世纪80年代与日本知名广告公司电通集团（Dentsu Group）合作的瑞士国际体育娱乐和休闲集团（International Sports and Leisure，ISL）。这些公司把奥运会和世界杯两项国际体坛黄金赛事中油水最肥的业务包揽过去，再卖给各级赞助机构或分销代理商。由于所获利润丰厚，霍斯特出手也非常慷慨，用以笼络国际奥委会和国际足联的话事人。

对当时（即1978年）已在17个国家设有24个工厂，单单在德国就聘用了3000名工人、每天生产18万只鞋的阿迪达斯集团来说，这种山头主义的经营模式不免导致行政混乱、效率低下，同时还有负面的规模效应。阿道夫晚年对儿子的行事风格虽越发看不上眼，却又鞭长莫及，于1978年撒手人寰。

20世纪80年代，阿迪达斯集团受到耐克和锐步（Reebok）强有力的挑战，使其在美国这个全球最大的运动市场上遭到了史无前例的重创。这一切都预示着阿迪达斯将经历一段漫长的下坡路。

阿迪达斯浴火重生

20世纪80年代，阿迪达斯在经历了创始人的离世后，其第二代掌门人霍斯特也因癌症去世，公司一度成为众多竞争对手狙击的目标。几轮更替后，公司似乎命悬一线。

"跑路"家族

1978年，阿迪达斯的创始人阿道夫乘鹤西去，6年后他的夫人因心脏病去世，此后，霍斯特与他的4个姐姐暂时冰释前嫌。1984年，霍斯特以他从事运动赛事版权营销的私人公司ISL约64%的股权（即每个姐姐分得16%的股权），换回阿迪达斯德国总公司本就属于他的、之前被父母冻结了的20%股权，得以成功回巢，并由此重掌阿迪达斯集团CEO一职，他的4个姐姐退出了管理层。可惜，这之后霍斯特的癌症恶化，公司的经营变得岌岌可危。霍斯特还未来得及整顿企业几十年来零乱散漫的管理作风，便于 1987 年匆匆告别人生舞台。他的 4 个姐姐到他死后才惊闻噩耗。

这四姐妹与霍斯特的子女各占公司 20% 的股份，四姐妹聘请麦肯锡公司进场对公司进行合并计账。这时才发现，阿迪达斯已经病入膏肓——不到 10 年时间，集团已由 20 世纪 80 年代的净现金公司变得负债累累，1988 年时其债务已是股本的 4 倍。也就是说，公司已经是负资产了，比一文不值还要糟糕！

国际体育行业的格局斗转星移。锐步乘上 20 世纪 80 年代的一股健康舞之风，一举跨过业界的前两位巨头，成为新任霸主，锐步 1989 年的营业额达 18 亿美元，耐克则以 17 亿美元位居第二，阿迪达斯从数年前的带头大哥，一下子跌至第三位。

阿迪达斯的继任者们见状惊魂不定，无心恋战，遂出现可悲的一幕：两代人争相卖盘"跑路"。先是四姐妹打算把手上的 ISL 公司的 64% 股权卖掉，却遭到了外甥们的否决。首度成功卖盘的却是四姐妹的这些外甥们。1989 年 5 月，霍斯特的子女私下把阿迪达斯总公司 15% 的股份卖给了德国零售连锁巨头麦德龙（Metro），正式揭开了"野蛮人"入主阿迪达斯的序幕。

来自凯旋门的"野蛮人"[1]

第一个不请自来的"野蛮人",是以卖电视机起家,后来一边做生意一边参政的法国人贝尔纳·塔皮(Bernard Tapie)。1990年,43岁的塔皮主动找到四姐妹洽谈收购,不到半年,这个不谙英语和德语的法国玩家,成功地以2.7亿美元的极低价,从四姐妹手上购得阿迪达斯约80%的股权,按此比例,阿迪达斯此时的总市值仅为3.4亿美元,与当时锐步约20亿美元的市值和耐克23亿美元的市值相比,这笔交易显得尤为惨烈悲壮!

塔皮的这次收购是典型的"空手套白狼"——他有大约67%的资金是来自法资银行的借款(当中又以法国里昂信贷银行为首),其余资金是从德、日等国的银行筹措的,最长的贷款期限仅为两年!后来德国媒体终于挖出塔皮的出身,原来他以往只是在企业并购市场中小打小闹,此前他收购过的最大的公司,营业额只有阿迪达斯的10%。但米已成炊,阿迪达斯四姐妹也别无他法。

1991年,塔皮的首笔贷款到期,他唯有四处求救,第一个有意向的救助人是当年锐步的天使投资人、英国"狙击手"斯蒂芬·鲁宾(Stephen Rubin)。不过,也许塔皮的英文水平有限,误把"鲁宾"(Rubin)读作了"罗宾汉"(Robinhood)的"罗宾"(Robin),真的以为此君乃行侠仗义之辈。

---

[1] 《门口的野蛮人》(*Barbarians at the Gate*)是1990年在美国出版的一本为大宗并购定义的小说,资本界常以"野蛮人"来比喻外来的收购买家。

鲁宾最初同意以 8100 万美元买入塔皮手上 20% 的股权（即总股本的 16%），出价比塔皮两年前的入股价高出近一半。但之后，鲁宾施展了拖延战术，让塔皮急得像热锅上的蚂蚁，同时又引得阿迪达斯集团中接替霍斯特的职业经理人兼 CEO、瑞士人勒内·贾吉（Rene Jaggi）垂涎欲滴。贾吉联合投资银行出价 6.4 亿美元，想捷足先登，收下塔皮手上 80% 的股份。但董事会没有接贾吉的绣球，还是倾向于卖给鲁宾。待鲁宾于 1992 年 7 月出价 3.98 亿美元（即企业总价值 6.2 亿美元）时，所有人马上都舒了口气，以为公司的股权最终找到了归宿。

但是，鲁宾不只像"野蛮人"，更像秃鹫，喜欢从腐烂的尸体上觅食。[①] 他虽然签了合同，却一直以尽职调查未完结为由拖延付款。直到 1992 年 10 月，他也许是玩够了，忽然公告天下，表示尽职调查过不了关，交易告吹！这不但给原本已经乱成一锅粥的阿迪达斯再添烦恼，更深化了塔皮与里昂信贷银行的矛盾。就这样，阿迪达斯的继任者们统统被鲁宾耍了，不但如意算盘没有打成，还一同跌进了水深火热之中。

资本续命

塔皮和鲁宾合演的这场闹剧令阿迪达斯陷入被动，其营业额

[①] 由于秃鹫常会等猎物死后才去品尝其死肉，因此资本市场上也称那些出手（价）极端（低）的玩家为秃鹫基金（vulture fund）。

连年下滑，亏损严重，被锐步和耐克远远抛在身后。

危急时刻更显资本家的求生本能。在这紧急关头，里昂信贷银行先是出资 9450 万美元，勉强吞下了鲁宾手上约 20% 的股份，然后找到了业务横跨造船、食品和加工产品的法国资本世家路易达孚家族，路易达孚家族新一代的话事人是毕业于哈佛商学院的罗伯特·路易达孚（Robert Louis-Dreyfus），他曾在英资投行华宝银行（SG Warburg）的美国总部上班，之前因成功拯救了英国某家负债累累的广告业黑马企业而声名鹊起。

1993 年，对阿迪达斯的新一轮收购完成，由里昂信贷银行牵头，以 3.7 亿美元收下塔皮手中剩下的阿迪达斯近 80% 的股份，总估值约 4.6 亿美元。其中，罗伯特·路易达孚出资约 5680 万美元，买入塔皮手中全部股份的约 15%，当中仅有 180 万美元是自有资本，其余均是从里昂信贷银行借入的无息贷款，塔皮手中全部股份约 77% 由里昂信贷银行以其自身及关联或隐蔽的基金出资持有，塔皮手中股份最后余下部分（约有 8%）由高管持有。此时，由麦德龙从霍斯特后人手中购入的阿迪达斯 15% 的股份也被收入塔皮的公司之下，因此，阿迪达斯的股份最终只剩下 5% 在霍斯特后人的手上。

没多久，又有新财团买下了霍斯特后人仅有的 5% 股权。至此，这个创立于 1920 年、有着 70 多年历史的德国公司，已与其创始家族彻底分离，所有家族成员均不再持股。如今的大股东是法国的贵族大亨和金融资本。

如果说塔皮是空手道高手①，那罗伯特·路易达孚一定是柔道黑带，他的四两能拨动几千斤，只用约 180 万美元，便成了阿迪达斯这个全球瞩目的品牌的新任总舵主。

大刀阔斧开财路

可能因为罗伯特·路易达孚和他的团队是外来的，没有包袱，他们对外打柔道，对内却打硬桥硬马的铁砂掌，砍掉了阿迪达斯许多亏损的、多余的部门和产品，又关闭了全球各地的多家工厂，连自己的本家法国的两家工厂都没有放过。同时，他们任用锐步的前高管，加强向亚洲外包加工业务；最后，他们又向许多合作多年、与前股东的家族有千丝万缕联系的供货商和客户开刀，他们公开表示有很多合作协议不能作数，称这些合同是在阿迪达斯的代表"喝得烂醉如泥时签的"。

财技的终点自然是上市，而其上市前的最后一个资本操作发生在 1994 年，罗伯特·路易达孚和几个高管联合一帮投资人（包括一个在中国香港做印刷生意的隐形富豪），以 8 亿美元的价格买下里昂信贷银行和其他基金所持的阿迪达斯约 85% 的股份（其总

---

① 塔皮对阿迪达斯的投资，只是他在体育产业上的众多投资之一。他成就中的另一个代表作，是成为法国第二大城市马赛的足球代表、奥林匹克马赛足球俱乐部的主席（即出资人）。1993 年马赛队打败 AC 米兰队获得欧冠冠军时，他在球赛上的泪光感动了不少银行家，但这阻止不了里昂信贷银行对他的起诉。他曾因假球案入狱，出狱后他又风生水起，并一尝上电视当明星之瘾。2021 年他以 78 岁之龄作古。

估值约为 9.4 亿美元)——用现在的话来说，这叫 Pre-IPO[①] 兼管理层收购，只是，既然都快上市了，银行和基金为何会割爱呢？

1995 年 11 月，随着业务的进一步改善，阿迪达斯终于首次登上德国法兰克福交易所挂牌上市。阿迪达斯上市市值为 22 亿美元，是一年前罗伯特·路易达孚从银行和基金手里收购 85% 股份时的 2.75 倍，也是他 1993 年首次出手时总估值的 4.78 倍，大大拉近了阿迪达斯和锐步及耐克的市值差距。

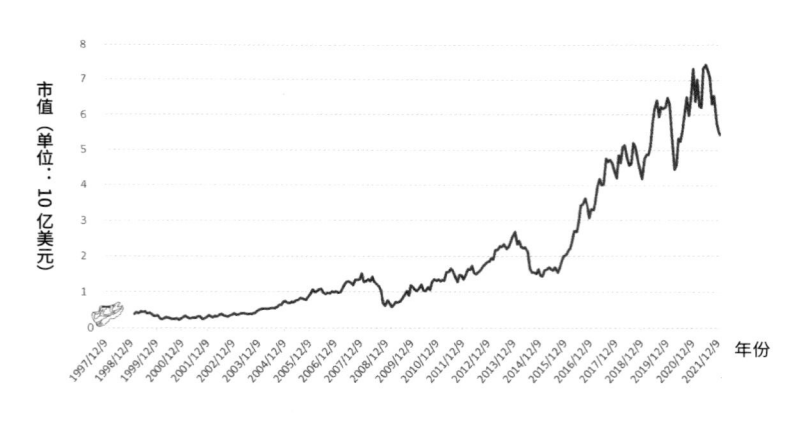

图 34　阿迪达斯在德国上市以来的市值变化

来源：彭博社。

阿迪达斯的经营业绩也开始扶摇直上，1998 年的营业额升至 57 亿美元，是耐克当年营业额的 60%，之前最差的时候只及耐克

[①] Pre-IPO 是指对有上市预期且上市条件成熟的企业进行的投资，帮助企业上市。被投企业一般具有很好的盈利能力和上市规模。投资者退出的方式是企业上市后直接在股票市场出售持有的股票。

年营业额的 40%。更重要的是，公司由一个闭塞的家族企业过渡至一个由来自法国、美国、瑞士和德国的高级经理人所控制的现代企业。随后罗伯特·路易达孚因病退居二线，并减持股权，阿迪达斯成为德国上市公司中少数由基金分散持有的公众公司。

这家迄今为止历史最悠久的体坛明星企业，早就借奥运会和世界杯实现了国际化运营，如今就更加职业化了。任何大基金、CEO、总设计师的更替，都不会对阿迪达斯造成太大的影响。不过，在消除了一、二代掌门人的家族内耗，持股者的身份更加多元化之后，这家来自德国工业小镇、本以工匠精神为初心的公司，除了早期"三条杠撑起鞋身"的口号之外，还剩下什么？

彪马的华丽转身

相比出道时九死一生但转入正轨后全速飞奔的耐克,以及在家族恩仇录中定义了整个行业但后来似乎又迷失初心的阿迪达斯,原本的行业老三彪马[①],从一开始就选择走一条另类的"羊肠小道"。其间彪马也曾跌入谷底,但这头小豹最终在谷底中成长起来,凭借矫健的身手和神秘、高雅的气质,完成了华丽的转身。

以市值计,全球运动行业的老大和老二毫无疑问是耐克和阿迪达斯。历史上,行业内第三名之位的归属多有起伏更替。早年有美国锐步凭借一股"健康舞+迪斯科"的热潮一鸣惊人,甚至一度有超越阿迪达斯之势,后来阿迪达斯反将其吞下,使这匹黑马成为

[①] "Puma"中文意为美洲狮,属猫科动物。但是,在德国以至欧美地区,彪马的形象却一直与"黑豹"相关联,如1960年彪马赞助了有"黑豹"之称的葡萄牙球王尤西比奥(Eusébio da Silva Ferreira),2018年又赞助了漫威的电影《黑豹》(*Black Panther*)等。因此,消费者以至业内人都习惯把彪马与"黑豹"挂钩,本书对彪马有关于"豹"的表述也依从了这个习惯。

这个德国品牌的附属,从此再未有惊艳之作。[①] 与锐步竞争第三名的,是早期一度与阿迪达斯齐名且与其同宗同祖的彪马,这只"德国豹"起步虽快,却跑了不少的弯路,令它与前两者的差距加大,虽不算遥不可及,却也是瞠乎其后。

分道扬镳

彪马的创办人鲁道夫是阿迪达斯创始人阿道夫的哥哥,两兄弟在二战时期熬过了战争和国难,却无法修补兄弟间日积月累的嫌隙。二战后,鲁道夫带领亲信在河对岸另起炉灶,他本想和阿道夫一样,把自己的名和姓串在一起,给新公司取名叫"Ruda",但后来又觉这名字不够威猛,遂改用"Puma"(彪马),似乎想反映他内心的郁闷,欲借此扬眉吐气。

早年的彪马与阿迪达斯所走的路子差不多,只是,因为它始终被认为是"旁门别枝",因此在供货、渠道批发和营销等环节中,得到的支持始终不如阿迪达斯。奇怪的是,与阿迪达斯一、二代掌门人面和心不和的情况一样,鲁道夫与两个儿子阿明·达斯勒(Armin Dassler)和格尔德·达斯勒(Gerd Dassler)之间的关系也不好。鲁道夫去世之后,兄弟俩很快反目,分遗产时还差点对簿公堂,最后虽然阿明合法地继承了公司60%的股权,但公司元气受损,

---

[①] 2021年8月,阿迪达斯因要梳理好自家业务,又把锐步卖给了一家由私募大腕成立的多品牌管理公司。

被一直由堂哥霍斯特掌舵的阿迪达斯越抛越远。

与父亲和叔父之间的恩怨相似，阿明和霍斯特可能也是上天注定水火不容。由于处处受制，阿明内心始终有怨气。于是，在一些商业角力之中，他倾向于剑走偏锋。其中的一个例子是1970年世界杯的"贝利同盟"。

贝利为谁下跪、系鞋带？

1970年世界杯上最夺目的球星，当然是享誉盛名的巴西球王、有"黑珍珠"之称的贝利。由于名气大，贝利的代言费也出奇地高。为了双方的利益，霍斯特和阿明在决赛周前都同意不向贝利出手，因而有了"贝利同盟"这一君子协议——双方都不会找贝利代言。然而，一个与贝利的经纪人关系要好的德国记者却以约12.5万美元（含决赛周和之后4年的代言费）这样一个价格签下了贝利。之后那个记者把这个绣球首先抛向了阿明，阿明知道，如果接下的话，阿迪达斯一定不会放过彪马，但在"黑珍珠"的诱惑之下，堂哥的"问候"似乎已不算什么了——这也再次呼应了本书第一部分中所述的体坛"囚徒困境"现象的普遍性。

就这样，世界杯历史上最著名的一幕球星代言广告，就在彪马的非君子行为和精心设计之下出现在了电视屏幕上，那是全球对世界杯的第一次彩色电视信号转播。在巴西对秘鲁的八分之一决赛上，开球前，在万众瞩目之时，却见贝利与裁判聊了几句后，便蹲了下来，慢条斯理地给右脚的鞋子系鞋带，之后稍稍站直身子，又再度蹲下来，换了左脚，先解开鞋带，然后再绑紧。这套动作夸张而突兀，就连贝利身旁的队友——9号中锋托斯陶（Tostao），也不禁上前查看贝利在捣什么鬼。这番操作让彪马那象征猎豹飞跃的白色条纹，完整地映照在全球观众的瞳孔之中。

这出人意表的一招为一直处于下风的彪马打开了一些市场，然而它并没有根本性地改变竞争中的格局。因为彪马快跑了一段后，很快便慢下来，甚至出现了崩盘的危机。

80年代的迷失

在第二代接班人阿明的手中，彪马虽然曾凭借手段夺得了贝利、克鲁伊夫、马拉多纳等天王巨星的代言合约，又成功于1986年在德国法兰克福交易所上市，以同股不同权的方式卖出了上市公司28%的股权，控股家族手握100%的投票权，表面上看起来十分风光。但彪马内部经营不善、财务混乱，再加上1987年时，其团队被胜利冲昏了头脑，斥巨资与网球王子鲍里斯·贝克尔（Boris Becker）签下了约值2000万美元的"死亡合约"，这使得彪马在美国市场严重亏损，公司上市仅一年便报出令人错愕的亏损业绩。

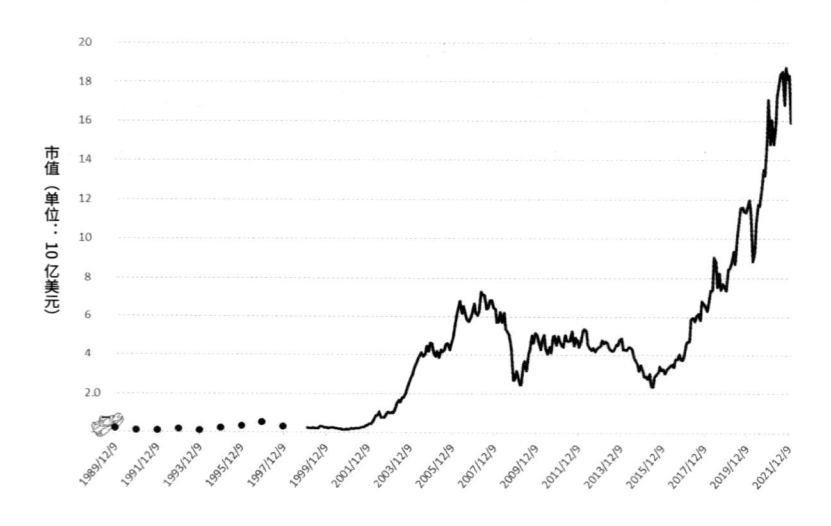

图 35　彪马自上市以来的市值变化

来源：彭博社（1989 年以前的数据不全）。

此时的彪马公司债台高筑、摇摇欲坠。为了向债权人和投资者负责，彪马上市保荐人德意志银行（Deutsche Bank）不得不出面收拾残局。1989 年，德意志银行先把阿明一家人"请"出了公司，以 4350 万美元的低价将其手中 72% 的股份转卖给投资公司科萨利伯曼（Cosa Liebermann）。当时，已经上市的耐克市值约 23 亿美元，阿迪达斯在家族股权纷争之际，也卖出了 2.7 亿美元的价格，相比之下，彪马似乎只有失足的遗憾——估计阿明只从债务返还中得到了约 1000 万美元，简直少得可怜。

新的管理团队在 1993 年聘请了约亨·蔡茨（Jochen Zeitz）

作为新一任 CEO。此人会 6 国语言，曾获得"德国上市公司最年轻的 CEO"称誉，本科读医学，后来转攻市场营销。他入职彪马后大刀阔斧，把许多不赚钱的部门砍掉了，不到两年时间，公司便扭亏为盈。

时尚型格之路

蔡茨使彪马扭亏为盈，最重要的举措是 1996 年他带领彪马另辟蹊径，放弃了在专业运动圈中为行业大哥二哥兜底的模式，转弯改道，进入了名利场。为此，蔡茨吸引以娱乐、广告和传媒起家，由犹太人阿诺恩·米尔坎（Arnon Milchan）掌权的美国公司"新摄政"（New Regency）入股。该公司在好莱坞大有来头，老板人脉广阔，是奥斯卡金像奖的常客，曾出品《刺杀肯尼迪》（JKF）、《风月俏佳人》（Pretty Woman）等雅俗共赏的大片。从此，彪马迎来了一场星光闪闪的蜕变，由一家几乎破产的公司，一跃成为时尚品牌，是 2000 年的超级大片《X 战警》（X Men）中变身前的帅哥美女喜欢穿的潮牌球鞋，也是一代歌后麦当娜（Madonna）喜爱的名牌服饰。彪马已然改头换面，成为时尚之豹。

彪马为何"奢侈"起来？

彪马的名牌形象由此开始。但时尚之路其实只是彪马从运动森林走出来后的一个过渡，之后彪马从法国的大集团中学会了模特儿走奢侈品牌的"天桥猫步"，开始散发它的天然魅力。

十字路口

蔡茨联手新摄政公司助彪马摆脱了运动功能品牌的红海，进入时尚领域的新蓝海；而新摄政公司的占股，也从一开始的12%增至高峰期的40.25%，一度是彪马的最大股东。当然，这个套路也只是阿迪达斯所做的名人营销的变种，只是把目标人物由球场上的明星换成了影视和唱片界的名人。不过，这头"变了种"的黑豹就像《X战警》里的狼人，威力大增。

不知是不是巧合，彪马的命运似乎始终与其兄弟公司连在一起。2005年8月，年营业额约82亿美元的阿迪达斯，以行业老二的身份豪掷38亿美元，鲸吞了当时的老三锐步，有向当时年营业额约140亿美元的行业老大耐克叫板之势。一石击起千层浪，这宗令人产生无限遐想的收购，随即令当时年营业额只有约22亿美元的彪马成为猎物。

彪马虽有"神奇小子"蔡茨领军，但作为上市公司，自创始人鲁道夫的后人失去控股权，之后的的投资者（包括新摄政公司在内）都是"过客"。到2005年，承接了新摄政公司股权的德国富豪赫尔茨家族（Familie Herz）仅持股17%，已是最大股东，即市场上约有83%的流通股份，可随行就市。阿迪达斯并购锐步后，有业内人士估计，耐克不会坐视不理，在彪马、亚瑟士（Asics）、斐乐（Fila）等众多二线品牌中，彪马最为抢手，并且没有产品同质化之虑——因为彪马以休闲时尚风格为主，与功能型运动风格同气却不连枝。

赫尔茨家族城府深似海，居然以进为退，闪电出手，把股权由17%增持至25%，这投机主义极浓的一招，没有宣告彪马退出并购市场，反而令更多"猎人"争相加入竞购的行列。

此时的职业经理人蔡茨却又有自身的顾虑。由他一手策划的企业变革已进入第四阶段（1996年开始了第一阶段），他带领彪马在丛林中杀出一条血路，将时尚和运动相融合，10年下来，成效初见。这位年仅 42 岁的 CEO，面对耐克公司那位时年 63 岁、体坛教父级的奈特及其庞大的职业特攻队，自然会觉得势单力薄。若彪马被收编，蔡茨自己手上的股份确实会有不俗的财务回报，但肯定无法再以 CEO 的身份继续待下去。

我行我素

蔡茨似乎也记得早年他与另一位企业家教父鲁伯特·默多克的一次短暂交锋。当年，蔡茨为彪马融资时曾登门拜访默多克，不料被默多克以"两年后如果你这破公司仍然活着的话，你应该心存感恩"这样一句话羞辱。所以他对这些叔父辈的人物始终耿耿于怀。

蔡茨最后的决定出人意表，却也合情合理。

2007 年 4 月，蔡茨大胆引入的是旗下有古驰（Gucci）、圣罗兰（YSL）等奢华品牌的奢侈品巨擘——法国巴黎春天集团（Pinault-Printemps-Redoute，PPR）。当时 PPR 正由第一代掌门人传位至第二代，第二代掌门人弗朗索瓦-亨利·皮诺（Francois-Henri Pinault）只比蔡茨年长一岁，当他开出以彪马作为生活时尚品牌，并把扩大后的整个分部（即彪马）交由蔡茨掌权的条件后，蔡茨义无反顾地撮合并推动着 PPR 集团与赫尔茨家族的交易。PPR 集团以约 40 亿美元的价格吞下了赫尔茨家族及其他小股东手中的共计 62% 的股权，但保留了彪马的上市地位。

2013 年 PPR 集团更名为开云集团（Kering）。自 2007 年起，经过10年的多番增持，至2018年时，开云集团似乎觉得是时候让彪马重出江湖了。于是，开云集团将其持有约86%股份的彪马进行了重组，把其中约70%的股份分配给开云集团股东，因此他们无须通过开云集团就能直接持有彪马的流通股份。根据德意志银行在2018年1月的更新报告，重组后，开云集团保留了彪马16%的股份，其控股家族承诺保留29%的股份，彪马股票的自由流通量由14%增至约55%。彪马再一次成为真正意义上的公众公司，而现在掌舵彪马的CEO、挪威人比伯尔尼·古尔登（Bjørn Gulden），是在2013年从蔡茨手上接过彪马的。他曾是职业足球运动员，因伤退役后却在商业战场上大放异彩。

彪马的市值，由1988年至1989年初上市时小打小闹的2亿美元，经过2007年的卖盘炒作，被开云集团收购时，其市值已达50亿～60亿美元。2018年，法国玩家放手后，彪马终于可以自由自在地在绿野飞驰，发挥"猎豹"的强悍本色，其市值在2021年底飙升至150亿～180亿美元，大大拉近了与其对手的距离。彪马由此成为穿梭在运动潮牌和奢侈名牌之间的另类品牌，在与老大耐克和老二阿迪达斯的竞逐之中独树一帜。

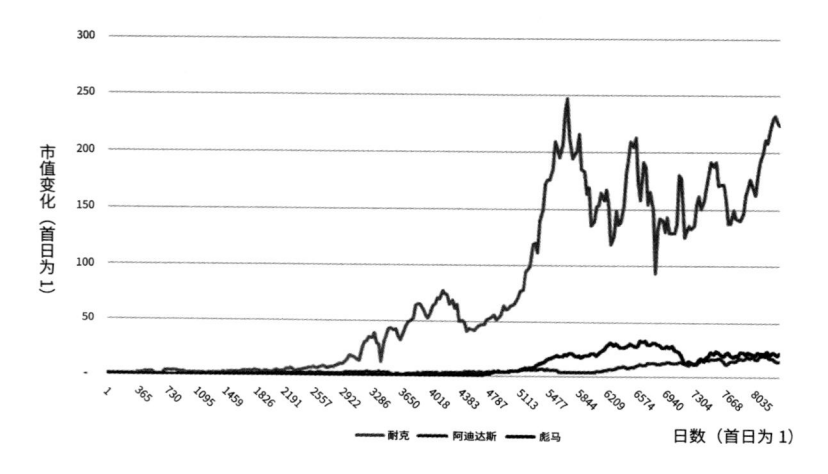

图 36 三家企业上市后 20 年间的市值对比

说明：以上市日子最短的 Adidas 的上市周期为准，货币为美元。
来源：彭博社。

不过，彪马行业老三的位置如今却被后来居上的露露乐蒙占据了。

穿瑜伽服的优越感

在电影《穿普拉达的女王》(The Devil Wears Prada)中，由梅丽尔·斯特里普（Meryl Streep，下称"梅姨"）饰演的女上司身穿名牌大衣，脚踩高 12 厘米的高跟鞋，眉梢眼角满是精英的优越感。梅姨把这个角色演得入木三分。原著小说作者劳伦·魏丝伯格（Lauren Weisberger）在 2018 年出版了续作，讲的是千禧一代的型男潮女，在新一轮的 ESG[①] 热潮之下，他们丢弃皮草，纷纷换上了价值不菲、让人曲线毕露的露露乐蒙瑜伽服。

这本外传小说可被草译为《当生活给了你露露乐蒙》(When Life Gives You Lululemons)，或将被拍成电影，这次由前一部电影中身型修长的女三号艾米莉·布朗特（Emily Blunt）扛大旗。难道

[①] ESG，即环境（envionment）、社会（social）、公司治理（governance），可理解为强调环保、社会责任和企业管理的可持续发展观念。

露露乐蒙瑜伽服对身材的要求如此严苛,以至前一部电影中的女二号安妮·海瑟薇(Anne Hathaway)不敢试穿吗?

低调而奢华

这次故事的背景不再是纽约时代广场,而是美国东海岸线上的后花园——康涅狄格州(Connecticut)的格林威治(Greenwich)小镇,众多基金经理、律政先锋、媒体达人和政界新星都聚居在这里。故事有三位主角,除了一位由纽约移居来的公关女强人之外,还有她的两位"战友":一位为加强亲子关系而暂别法院的女律师和一位快要过气的名模。书中主要讲述了名模被她那极有政治野心的枕边人出卖,惨遭设局嫁祸,姐妹三人如何见招拆招,与负心政棍周旋的故事。

有趣的是,虽然梅姨所饰演的米兰达·普瑞斯特利(Miranda Priestly)那高高在上、蔑视平庸的调侃,在这部续作中只占很少的部分,但从全书的字里行间,还是能看到当今社会中那些自我感觉良好的精英们的刻奇之态——在近年全球变暖、解放自我、量化宽松、货币贬值的大环境下,这些人一向前卫的行为举止变得低调含蓄,不再肆无忌惮地穷奢极侈,而开始讲究"低调奢华",借绿色环保的生活实现自我优越感。他们既瞧不起草根,也看不惯落后者,还埋怨是贫穷和无知在拖大家的后腿,却无视自工业革命以来,正是他们这些既得利益者的挥霍滥用,才引发了今日的气候危机,以及贫富不均的矛盾。

不过，这等低调的奢华，也得看你识货与否。不了解的人还以为精英们真的已改穿了灰黑暗绿色的普通运动裤。殊不知这些紧身裤自有玄机，非比寻常。

露露乐蒙的第一家店，于2000年11月在温哥华开业，创始人是加拿大籍美国西海岸人奇普·威尔逊（Chip Wilson）。小众产品为打响名堂而标新立异并不稀奇。威尔逊用不着梅姨的公关助理教，他本就是语不惊人死不休的性格。说起公司的名字，他曾侃侃而谈，其中有个奇葩的说法：他觉得日本人不大会发英文"L"的音，于是创造了这个含有3个"l"的名字（Lululemon），故意为难那些不知就里的群体，让这帮顾客觉得品牌洋气，从而产生倾慕。[①]另外，有女顾客投诉露露乐蒙的衣服尺码太少太小时，他也会毫不客气地说："我家的东西不适合肥婆！"[②]

瑜伽的风口

掌门人粗鲁不逊的说话风格，并没有把这家几乎只卖紧身裤的公司推至死角，露露乐蒙2000年开第一家店，2007年在多伦多和

---

① 威尔逊对这句调侃日本人的话没有太多反悔、抵赖或否认。在众多的访问中，只有2015年他退出公司后，在《纽约时报》（The New York Times）的一次访问中说自己"没有说过那样的话"。但这11年后才到来的补救之辞未免也太迟和太随意了。

② 原话是："Frankly some women's bodies just actually don't work for it（wearing Lululemon pants）..."（坦白讲，一些女性的身体确实不适合穿露露乐蒙的裤子……）

纽交所双重上市，2020年初新冠肺炎疫情爆发后，居家工作成为常态，悄然兴起一股在家一边健身一边工作的健康之风，人们即使上班也要踩单车，时刻都要动起来，这让瑜伽裤站在了风口。

短短20年，这家绕着弯说"你穿不下我们的衣服是你的问题"的公司，其营业额由2002年的600万美元，狂飙30倍至2020年的44亿美元，复合年均增长率约为44%！

小说《当生活给了你露露乐蒙》从一个绿树成荫、拥有一栋栋精致别墅的小镇讲起，那些穿着充分显示身体曲线的瑜伽服的人，正是品牌商眼里"最理想的顾客"。什么人有资格成为露露乐蒙"最理想的代言人"？答案是：一位富裕的、住近郊的白人女性，她名叫"海洋"（Ocean），约32岁，具有敏锐的时尚触觉，年收入10万美元，住单身公寓，每天花半小时健身；她如果有男朋友的话，那应该是一位35岁的男士，很会赚钱，夏天冲浪，冬天滑雪，他名叫"公爵"（Duke）。而小说中主张独立自主的公关女强人、硅谷创投人的夫人和将与渣男开战的名模，正好符合露露乐蒙的创始人对上述用户画像的补充描述——如果你已是42岁的要带小孩的女性，那你肯定也想追回过去的光辉岁月。

小说故事中某些精英也许是在"头等舱"里待得太久了，偶尔也会展现出"蠢萌"的一面，比如名模驾车送继子上学的途中被负心汉设局栽赃，在大街上被警察截查，面对邻居从门窗里投射出的不怀好意的目光，名模立刻放下车窗玻璃，不耐烦地说了一句："我老公是参议员……"

另一段关于格林威治小镇风貌的描写似乎也是意有所指。女公关到小镇后不久，陪好姐妹参加孩子的学校开放日活动。她们坐在霸气的越野车上，当车转入镇上那条宽广且人烟稀少的第一大道时，本以为道路两旁是些平淡无奇的小店，细看之下，竟然都是诸如蒂芙尼（Tiffany）、瑞格布恩（Rag & Bone）、巴卡拉（Baccarat）、爱丽丝+奥利维亚（Alice + Olivia）、巧儿宜（Joie）之类的大牌店铺，最不起眼的地方倒有一家裁缝店，不过是专门修复稀有皮草和毛呢大衣的。

在分享素食、自行车、平权观点和下午的灵修课之后，小说中的那些精英们头上的光环仿佛被镀上了一层特别的颜色，那是森森然的碧绿。

精明的"柠檬"[①]

新冠肺炎疫情后兴起的居家工作热潮,除了促进网上消费、工作和娱乐之外,还有一群显而易见的得益者——运动休闲生活品牌及其生态圈。其中形象最鲜明、声势最浩大的,也许就是北美潮人品牌露露乐蒙。

从迷恋到上市

露露乐蒙的创始人是美国人奇普·威尔逊,当时,他刚刚售出了自己的一家卖冲浪、滑冰和滑雪器具,并倡导"极玩、极速、极地"的小公司,是个颇有天赋的企业家。他的下一项业务选择落地温哥华,其中一个原因是这个城市外号"户外城",市长和市民都

---

① 露露乐蒙英文为 Lululemon,此处取 lemon 的直译"柠檬"之意。

喜欢骑自行车上班，而这些精力旺盛的人们相互攀比较劲的，不是《当生活给了你露露乐蒙》中纽约和格林威治的居民最关心的身价和财产，而是每天跑步或骑行的里程数、攀峰的高度等。

威尔逊在 1998 年开发出了露露乐蒙瑜伽裤，并于 2000 年开了第一家实体店铺，其实那也不算一家店铺，因为其一楼售卖产品的面积很小，沿后楼梯上去的二楼才是它的"灵魂"所在——在这里，有像宣言又像咒语的鼓舞式口号和传教式课堂氛围，还开办了该品牌标志性的瑜伽班，之后被口口相传，建立了这个品牌在千禧世代中着重赋能、实现自我价值的口碑，形成了一股"迷恋的时尚"。

露露乐蒙以小众品牌身份火速占领温哥华的大街，不久就有私募基金慕名致电。经过 6 个月的谈判，基金于 2005 年正式入股露露乐蒙，计划把公司业务大力拓展至北美地区及海外市场。

露露乐蒙 2007 年上市时所提供的资料中，有两点到今日仍然存在：（1）顾客（尤其是女士）穿上这个品牌的瑜伽裤后，会觉得特别自豪，有种说不出的优越感，因为它能凸显身体的曲线；（2）露露乐蒙的发展生态里有股令人迷醉的魔力，其源头不论是来自安·兰德（Ayn Rand）小说《阿特拉斯耸耸肩》（*Atlas Shrugged*）中以个人意志战胜集体压抑的约翰·高尔特（John Galt），还是来自其创始人颇有天赋的嗅觉和灵感所炮制出的营销手段，都能促使那些自称"产品教育家"而非销售助理的店员，帮助其一众信徒克服惰息、征服众生、实现自我升华以至拯救地球。

其中，第（1）点让露露乐蒙的拳头产品在各地市场——从温哥华到整个北美地区，再到世界各地——攻城略地、战无不胜，是其营业额步步飙升的主要因素。第（2）点则使这个品牌长期具有远高于行业平均水平的利润率，达到了"名利"双收这一令人羡慕的境界。因为这个品牌以口碑相传，人人都可以是KOL，真正实现了自媒体传播，所以公司的广告费只占收入的2%～4%，远低于一般高档品牌的11%～14%；各个公司的财报显示，露露乐蒙上市后的15年里，其平均净利润比耐克、阿迪达斯、彪马高出近9%，2016—2020年则高出近8%。

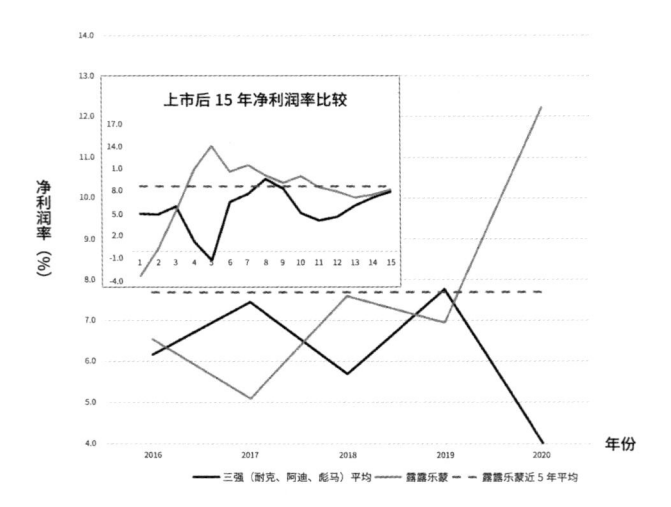

图37 耐克、阿迪达斯、彪马与露露乐蒙4家企业2016—2020年的净利润率比较

来源：彭博社。

精明的瑜伽老师

露露乐蒙上市后,新的挑战包括面对全球金融海啸、气候危机、量化宽松不止、金融投资泛滥等。在创始人退出,以及原先的私募基金再度出手高位"追货"后,露露乐蒙使出让公司营收再度攀升的第三招——直接面对消费者(Direct To Consumer,DTC)。2014年至2015年期间,该品牌为了对抗亚马逊等电商日益高涨的佣金,在北美启动了与特斯拉(Tesla)一样的、砍掉中间商环节的直接营销,一边用成千上万的消费者做形象大使,另一边则使用品牌直营直销的电子商务模式。这在当时的北美开创了先河。

2020年新冠肺炎疫情肆虐,实体营销大受冲击,各个品牌大力加持在电子商务上的投资,而露露乐蒙则正好处于投资收成期。据摩根士丹利的研究报告估计,露露乐蒙的网上销售额在2012年占比只有14%,到2020年和2022年,分别猛升至52%和41%,支撑起其总体销售额的半壁江山,成绩傲人。

摸清顾客的心理

虽然露露乐蒙的主要客户群是女性消费者,但其领导层却常有令人不太舒服的管理作风。比如,其创始人口若悬河地说自己是少数懂得女性心思的"直"男,却又口无遮拦地说"穿不下是你的问题"。2013年,露露乐蒙创始人在品牌形象(和股价)跳水时，为势所迫地向公众来了个似是而非的道歉。镜头前，他带着僵硬的表情吞吞吐吐地说："我为我的话引发的后果而感到难过，我为那些我甚为在意的同事们感到难过，他们不得不面对我的话给公司带来的冲击……我请求你们证明，你们所建立的文化不会被抹杀。"（"I'm sad for the repercussions of my actions. I'm sad for the people of Lululemon who I care so much about that have really had to face the brunt of my action...I ask you to prove that the culture that you have built cannot be chipped away."）

这些话可谓火上浇油。爱看热闹的媒体难得有了年度话题，自然大肆炒作，视此次道歉为公关灾难。不久之后，创始人威尔逊先是被赶出了董事局，然后由最初投资露露乐蒙的私募投资人以市价接手了威尔逊的股份，据说他所有的留言和足迹都已被从官网上抹除，这位创始人正式成为局外人。

不过，"坏男人的基因"似乎仍然潜伏在露露乐蒙之中。2014年接手公司的新任 CEO，虽对公司有保驾护航的功劳，但他上任不过 4 年，又因桃色事件东窗事发而被董事会解雇。2020 年，美国发生了黑人被白人警察跪压致死的事件，引起了美国人民的公愤，从而引发了"Black Lives Matter"（缩写为"BLM"，意为"黑人的命也是命"）运动，露露乐蒙的部分设计师响应这一运动，意图将这句话放在官方网站上，却被公司高层以高压手段强制要求改为

"ALM[①]"。该事件被曝光后,这一品牌被指传承了自创始至今一直都带有的"尊贵而白色的富裕"的成分。[②]

虽然如此,很多消费者对露露乐蒙的热情似乎并没有减退。公关灾难后有当地媒体在马路上随机访问行人,其中就有肤白貌美的女士直言,穿上这些裤子后觉得自己很有优越感。还有手戴名表、肩挂皮包、头染金发的亚裔女郎操着纯正的北美口音、眨着眼睛顽皮地笑道:"其实介意的人是因为'肥胖(obese)'心理作祟……"

[①] 即 All Lives Matter,意为"所有人的命都是命"。
[②] 报道称,露露乐蒙最后还是用了"BLM"的标识,而那位高层则在发出道歉邮件后离开了公司。

价值 100 亿美元的瑜伽课

近年气候危机、金融海啸和货币危机催生了一系列对"经济增长的迷信"的反思，从法国经济潮人的新资本论所描绘的财富两极化，到由日本"收纳女王"提出的"断舍离"式简约生活，其实都蕴含了一个瑜伽理念——引导人"静止反思"。商业战场上，露露乐蒙在千禧初年就洞察先机，打着瑜伽的旗号开发紧身裤，以及其他"受瑜伽启发"的服饰用品和健身课程，而用大把美元买入"课程"套票的，是个动身快、起身更快的投资公司。只是，投资人似乎未能从瑜伽课中参透"静下来你就能赢"的课程精华。

安宏资本（Advent，下称"安宏"或"基金公司"）原本是个硬核的专业私募投资基金（private equity funds），以往关注的是IT 软硬件和其他高科技公司，但在 20 世纪 90 年代中期后，目标开始变得多元化。除了传统的硬核风投（venture investment）——

每单金额小、风险高、成功率低，偶有爆红时回报率可达上百倍——以外，也开始做成长投资（growth investment）和并购（buyout，或称"买断收购"），并吸纳了很多 MBA 毕业生做多元化投资的储备通才。

其中的一位是毕业于大名鼎鼎的宾夕法尼亚大学沃顿商学院（The Wharton School of the University of Pennsylvania）的大卫·穆萨费尔（David Mussafer）。穆萨费尔来自美国东南部亚拉巴马州（Alabama）一个"中高产家庭"，大学毕业后便从事金融行业，专职并购融资（银行借给基金高息债，让基金四处狩猎），MBA 学成后开始做自己的基金，他也像耐克的创始人那样，用课堂上的作业来做项目。他还因为怕被企业相中后没有机会单飞，推掉了不少面试。后来他筹资未果，成为失业大军中的一员，因缘际会下被招入安宏资本，这才有钱还他的学生贷款。

静极思动

2005 年，穆萨费尔的基金投资露露乐蒙之前，他曾深入追踪正在摩拳擦掌的安德玛（Under Armour），与其创始人也谈得略有眉目，可惜无疾而终，让穆萨费尔家里的几个儿女十分不满。不过，在调研行业、走访展会中，他却遇上了露露乐蒙。穆萨费尔这次有了经验，虽通过主动联系结识了露露乐蒙，但没有急着抛出绣球，而是静静地等着露露乐蒙意识到自己缺钱了，穆萨费尔才出面牵头，与另一基金共同以 1.08 亿美元的价格购入露露乐蒙近 48% 的股份（穆萨费尔的基金占 38%），露露乐蒙的创始人威尔逊占 49%，其余股份为公司高管持有。此时，露露乐蒙的市值约为 2.2 亿美元。

在基金的支持下，露露乐蒙这家"受瑜伽启发"的公司并没有静下来，除了在北美地区及全球大肆扩张之外，产品线也越来越丰富。除了瑜伽裤，还有其他休闲和健身的服饰、鞋履、配饰、包袋、雨伞……许多产品与瑜伽不大相关，却被描述为和"被瑜伽激发而来的生活体验"相关的物品。

除了公司之外，没有静下来的还有投资基金。2005 年底，基金公司积极地协助露露乐蒙进入上市通道。这十分正常，基金公司也要向出资方（即"有限合伙人"）交作业，要以行动来证明他们收取的管理费和奖金（即"附带权益"）物有所值，所以在月报、季报、年报中必须交待项目的进度。所有的投资项目，从资金第一天到账开始，便有"百日攻坚"和"千日目标"。

在以快打慢的动作指导下，露露乐蒙果然很快便成功在美国和加拿大两地上市，但根据公司在 2007 年 7 月披露的招股章程，它的上市也只为公司增发了 3% 的股份，融资仅有 4124 万美元，募集所得的其余 2.8 亿美元全是给股东套现用的，其中包括穆萨费尔的基金拿走的 1.3 亿美元。露露乐蒙以 18 美元招股，市值达 12 亿美元，上市第一天就飙升 50%，3 个月后股价升至近 60 美元。

上市一周年时股价虽有回落，但仍站稳在 28 美元左右。①

从来就没有静下来的基金。2009 年 6 月，露露乐蒙上市不到两年时，基金公司已经把所持股份卖了个精光，当时露露乐蒙阶段性的平均市值约为 10 亿美元，稍低于其上市时的市值。原因是，2008 年起，如同大部分成长型企业一样，公司的各种问题开始暴露在聚光灯下，新上市的企业总不免心浮气躁，卖瑜伽服的公司也不例外。

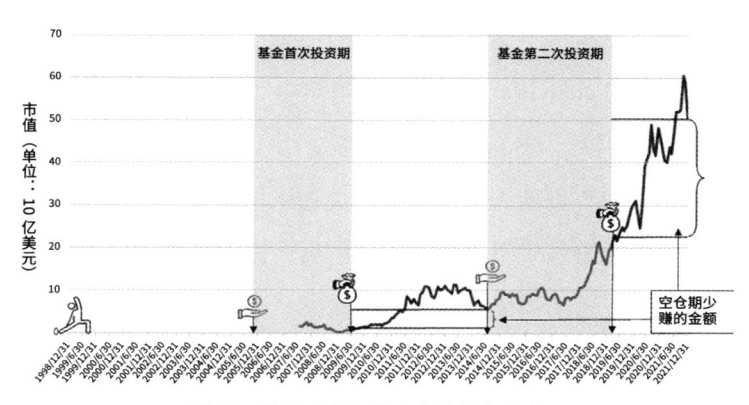

图 38　露露乐蒙上市以来的市值变化

来源：彭博社，作者根据其他资料整合后制图。

不过，就算没有学会保持安静的功夫，露露乐蒙还是练得一身韧性，其创始人威尔逊好像也开始有点开窍，把 CEO 之位让给了克里斯汀·黛伊（Christine Day），后者是一位由星巴克咖啡转战

---

① 露露乐蒙在 2011 年把公司股份一分为二地拆开了，所以现在每股的报价和股价图都是按除权后的价值计入的。

瑜伽垫的星级女将军（她是首位获评加拿大年度杰出 CEO 的女性）。在她的带领下，露露乐蒙重整旗鼓，走上了一段稳健的上升之路。

再次动手

可是，露露乐蒙兴盛的时日却不够长久。2013 年，黛伊与威尔逊公开不合，加上前文提到的"你穿不下是你的问题"等公关灾难，露露乐蒙形象跳水、股价暴跌，市值由高峰期的 100 亿美元，跌至六七十亿美元。公开招聘后新上任的 CEO 叫劳伦特·波特德文（Laurent Potdevin），他立刻做好准备，向正在筹划将公司私有化的创始人开火，公司内战一触即发。

此时，也许创始人真的把自己关在练功房里静心思过。一轮静思之后，威尔逊打了个电话，电话的另一端不是别人，正是之前帮助露露乐蒙上市的安宏资本。虽然露露乐蒙此时正处在舆论旋涡之中，但谁都不是吴下阿蒙，公司当下的市值是基金公司之前出手卖出股票时的好几倍——换位思考，基金公司刚卖掉这些股票，如今要用六七倍的价格反过来再买一次，这可能吗？

不过，毕竟是一起练过功的故人，几周内基金公司便爽快出手，条件是创始人威尔逊必须"下课"！ 2014 年 8 月，基金公司用 8.5 亿美元的价格（差不多是第一回出手时的 10 倍金额）从威尔逊所持 27% 原始股中购入了一半（即 13.8%），但创始人得乖乖的，不能造次——协议中好多条款干脆就叫"站着别动"（standstill provisions)！要是想派人重新进入董事局，就得派基金公司的代表（包括穆萨费尔），必须捆绑行动。

于是，露露乐蒙、基金公司和创始人威尔逊达成协议，安宏资本再度成为露露乐蒙的主要股东之一。基金公司有两个董事会席位（包括穆萨费尔在内），是时，公司市值约为60亿美元（2009年基金公司卖出最后一部分股份时，露露乐蒙的公司市值约为6.6亿美元）。

动态循环

平息了内部矛盾后，露露乐蒙不再安静，似乎登上了神话故事中的阿拉伯飞毯，开始了一轮又一轮的产品线扩展，包括男士瑜伽服、商务休闲服、户外羽绒服等，让"受瑜伽启发"的生活圈边界变得越来越宽。

回头看基金公司此次再度出资，手笔果然不一样，以近10倍的资金，一举将向来天马行空、静不下来的创始人的气场压了下去，功力显然精进了不少。只是，安宏资本仍旧未能克制住自己的冲动。上一轮，基金公司在持有露露乐蒙股份3年半后抛出，赚了3.5亿美元；第二轮是在2019年3月，持有4年半后再次抛出，基金公司手上的所有股份估计能套现29.7亿美元，扣除成本8.5亿美元后，净赚21.2亿美元。此时，露露乐蒙公司的市值约为214.6亿美元。

之后，露露乐蒙的股价和市值，除了在2018年的年中，劳伦特·波特德文因桃色新闻被开除的那一小段时间内稍有波动外，其余大部分时间均呈稳步上升的态势。2020年的年初，新冠肺炎疫情给全球带来了灾难性影响，但对卖瑜伽服的公司和这个生态圈来说，却像是个从天而降的幸运符，加上露露乐蒙早年就已经在投资DTC，这一策略在新冠肺炎疫情下发挥了作用，至2021年，高峰时期公司市值已达580亿美元。

如果基金公司能够静下来[①]，从露露乐蒙上市至今一直能以静制动，加上在2014年有难得的低位补仓的机会，那么，到2021年底，基金公司大概能持有露露乐蒙30%的股权（股权因公司上市后高管的激励股、正常增发和发股收购等而被稀释），市值约为145.7亿美元。实际上，基金公司多次买进卖出，上缴投资人的实现利润[②]约为24亿美元（模拟现值[③]接近50亿美元）。有限合伙人确实获得了优于平常的、可观的回报，不过，他们也无法分享这份看不见的、原本气定神闲就能赚得的100亿美元。

[①] "如果要是……"是本书"反面想象"相关章节中提及的元素，在这里我们作出想象的论述，并非对是非功过的检讨，毕竟，我们是在"后视镜"的帮助下展开想象的。

[②] 实现利润，是指企业出售资产的价格高于原来的买入价格所获得的利润。

[③] 私募领域习惯用"公开市场等值法"（PME）来模拟在同一时间段但在不同节点的现金流，换算成可比的现值；简单来说，是把不同时间点的收入，经相关市场指数加权，换算成可比的、当下的现值。同时，该模拟也排除了现实中每个基金都有特定的年期限制。

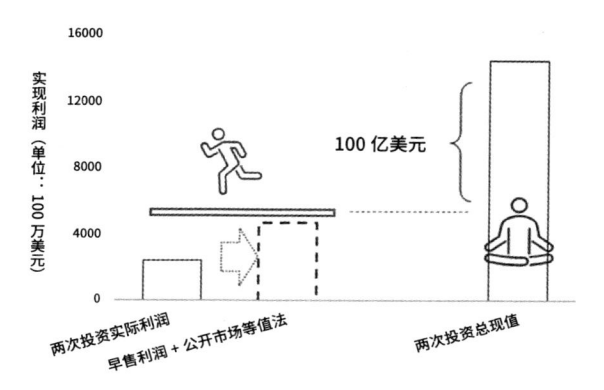

图 39　基金如果以静制动将多赚 100 亿美元

说明：如果基金静下来、一动不动的话（见图的最右边），将比动身快跑（以公开市场等值法计算，见图的中间）多赚 100 亿美元。
来源：作者制图。

但真要静下来却是很困难的。许多行为学家尝试以研究实验来说明这一点，普通人有"行动的偏好"，并且"习惯于做加法"，遇到问题时，一定会出手，人们选择"加法总会比减法优先"。[1] 自信心满满的 CEO 们总喜欢以收购的方式打开新市场，通过开发新品来提升业绩，以穷兵黩武式的开疆拓土来扩大市场占有率。总之，他们喜欢用做加法来证明自己的价值。投资圣手讲究点铁成金，当手上的锈铁已镀成金后，自然就会去搜寻下一块铁，没有工夫静下

---

[1] 行为和认知科学家莱迪·克洛茨（Leidy Klotz），在他 3 岁的小儿子玩乐高积木时获得启发。游戏是要用积木建造一座高架桥，连接河的两岸，他们父子俩分别建造两岸的桥桩，结果高度不一样，克洛茨自然而然地伸手去拿另一块积木，想把矮桥桩加高，回头却见儿子把高桥桩上的积木减去一块。由此，克洛茨和他的研究团队用多个实验证明在我们的惯性思维中，常以加法办事，很少把减法视为基本选项之一。报告在顶级科学期刊《自然》（Nature）上发表。

来提炼手上的那块金,使它成为珀金。这是大势。也许,迷信加法和动态的经济增长,正是人之常情。

静,需要"我们"违逆大势,而这真的能人所不能吗?

明星、巨企亲自上场的"千亿赛"

近十年，科技、网络公司一跃成为呼风唤雨、叱咤风云的龙头和大腕，在资本市场上，常看到这些新晋的科技、网络巨擘翻云覆雨、气吞河山，只要见到亚马逊（Amazon）、苹果（Apple）、脸书（Facebook，现称Meta）等巨企招手，它们的目标企业无一不乖乖就范。然而，在上一代的企业并购中处于风口浪尖的传媒通信业却没有坐以待毙，依旧顶着昔日的光环——至今，全球企业并购史上金额最高的两次收购仍旧出自传媒通信企业之手，分别是沃达丰（Vodafone）对曼内斯曼（Mannesmann）的并购（2028亿美元，1999年），和美国在线（American Online）对时代华纳（Time Warner）的并购（1820亿美元，2000年）。传媒通信行业不会甘心拱手出让江山，近年更有强力反弹之势。

传媒通信行业中，那些与足球或体育产业息息相关的企业并购案，网罗了众多家喻户晓的体坛重量级巨星企业。在为期近两年的收购战中，买方包括：

天空电视台，英超等赛事的电视版权的持有者；

21世纪福克斯（21st Century Fox），美国上市公司，控股福克斯体育台（Fox Sports）；

迪士尼，控股体育频道 ESPN 等；

康卡斯特集团，控股美国消费者新闻与商业频道（CNBC）等美国有线及无线电视频道；

传媒大亨默多克家族，控股上市公司新闻集团（News Corp.）和21世纪福克斯等。

默多克的野心

天空电视台，是英超在1992年横空出世的幕后推手。多年来，天空电视台一直不惜代价，以令人无法拒绝的价格，几乎垄断了英超的转播权。天空电视台背后的掌控者，此前一直是来自澳洲但生意版图横跨美、英、澳等国的默多克家族，旗下的上市公司在2016年的市值共计约850亿美元。据福布斯（Forbes）全球财富排行榜，2016年默多克家族以106亿美元的身家位列第97位，当初借以起家的澳洲业务只是一个小小的"旁枝"。

默多克的事业从传统的报纸新闻业做起，1994年，借助英超观众的超高黏性，把天空电视台推上资本市场，卖了个好价钱，上市集资后又进军欧美等地的传媒行业，成为在国际传媒行业中响当当的角色。默多克家族对体育事业，尤其是英超有一定的情结——1998年曾想吞下曼联。

虽然天空电视台1994年上市后所得资金确实有助于拓展事业，但默多克家族一直有个心愿——把天空电视台私有化，重新100%控股天空电视台。2010年，默多克家族曾借当时的"传媒航母"新闻集团，以每股7英镑、总价76亿英镑的价格，宣布计划收购天空电视台61%的股权。

由于审批需要时间，也不知是凑巧还是对手的手段所致，在新闻集团出手一年后的2011年7月，默多克家族在英国深陷"窃听门"事件。默多克家族在当地的名声原本就不太好，"窃听门"事发后更成为过街老鼠。这一事件还牵连到了由家族控制的新闻集团等上市公司，这些公司的市值变得低迷，对天空电视台的收购计划自然难以推进，新闻集团唯有无奈地宣布撤销收购，该计划胎死腹中。

2013年7月，在股价持续低迷的情况下，默多克家族为了价值最大化，索性将业务重组——将家族持有的、已上市的天空电视台约39%的股权，以及一些媒体和电影制作业务，统一收归到旗下另一家新建的控股公司"21世纪福克斯"（下称"福克斯"或"狐狸"，后者取其fox的中文直译，并无贬意）中。在这家新公司里，默多克家族虽只持股17%，却有39%的投票权（即同股不同权）。默多克家族将福克斯视为媒体事业中的旗舰。如果论资（金）排辈，福克斯在美国传媒业的龙虎榜上排名第四。原新闻集团只承接了

《华尔街日报》（*The Wall Street Journal*）和其他出版业务，因重组而大为缩水，但仍保留上市地位。

默多克家族对天空电视台仍然不死心。2016 年 12 月，默多克家族通过福克斯再度出价，以每股 10.75 英镑且全现金的方式，企图收购天空电视台 61% 的流通股份，价值约为 120 亿英镑，天空电视台总估值超 190 亿英镑。这次出价和 2010 年的出价相比溢价 60%，显示了默多克家族的决心，并隐隐地透露出他们的判断——天空电视台的价值被市场严重低估了。默多克家族想把这部分股份尽收囊中，以便日后再想办法榨取价值。

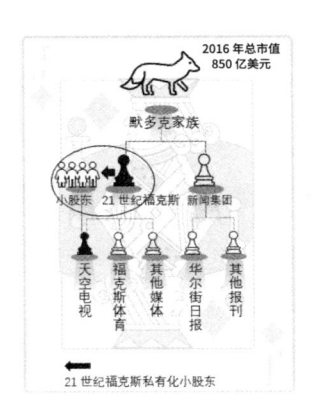

图 40 默多克家族手上的牌

来源：作者制图。

默多克家族忙于理顺企业架构，务求释放价值，但"狐狸"尾巴一摆，却在不知不觉间引"鼠"入室，惹来了众多猎人的垂涎，而且出手的，都不是蝗虫蚂蚁之流！

引"鼠"入室

第一个跳出来的，正是传媒业的"老祖宗"迪士尼，迪士尼的企业标志是只"老鼠"。迪士尼 2016 年的市值在 1700 亿美元左右，业务广泛，涵盖有线及无线网络电视、主题公园、电影制作和授权商品营销，其中以网络电视为大头，在整体业务中占近 40%，当中又以体育频道 ESPN 为重。ESPN 对 NBA、NFL 等赛事的转播权，一直被视为摇钱树中的"现金牛"。然而，网飞（Netflix）等流媒体近些年来势汹汹，加上多年来体育赛事转播费以几何级数上升，每月高昂的费用终于把球迷的热情冷却下来。2015 年开始，ESPN 的会员续约人数不升反跌，令迪士尼近 10 年股价拾级而上的势头骤然停顿。[1]

---

[1] 在从 2005 年至 2015 年的 10 年间，迪士尼的市值由 560 亿美元增长 2.2 倍至 1800 亿美元。此后至今一直徘徊在 1500 美元到 1700 亿美元之间。

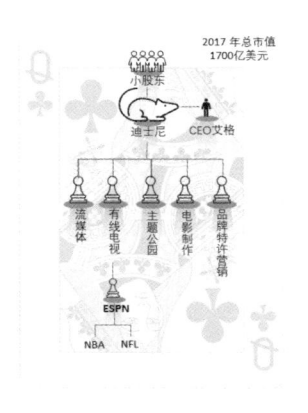

图 41　迪士尼手上的牌

来源：作者制图。

非你莫"鼠"

迪士尼正为了挽回颓势而苦思冥想，恰逢 2016 年福克斯和天空电视台业务重组，不经意地释放出天空电视台价值可能被低估的信号。迪士尼心想，何不干脆利用这次机会，一举把行业"老四"（即福克斯）吃下来，一石二鸟——既能消灭对手，也能壮大自己。

2017 年 12 月，迪士尼宣布以约 524 亿美元的迪士尼股份（即全部以股票置换），将大部分福克斯的业务（含天空电视台 39% 的股权）收下，剩下小部分业务留给原股东。注意，迪士尼的目标企业是天空电视台的母公司福克斯，其谈判对手主要是默多克家族和众多给福克斯投资的基金或机构大户。在这种情况下，天空电视台看似只是一道配菜，但它香气扑鼻、惹人垂涎，竟然占了迪士尼对福克斯出价的近30%。[1]

由于是换股，交易后，包括默多克家族在内的福克斯的原股东，将占扩大股本后的迪士尼约24%的股权[2]，这也意味着拥有福克斯17%股份的默多克家族，交易后在迪士尼占股约4.7%。苹果公司的创始人史蒂夫·乔布斯及其家族曾因并购而一度持有约7%的迪士尼股份（后来多番减持）。在这之后，默克多成为除机构性投资者以外的迪士尼单一最大股东，默多克家族有可能会由一个新闻大亨，变成一个集卡通、通信、娱乐传媒和主题公园为一体的王国的最大持股者，可谓百年难得的机遇。

不过，螳螂既然现身捕蝉，黄雀焉能不跟随其后？

---

[1] 假设福克斯保留手上39%的天空电视台的股权，那么天空电视台流通的61%股份，价值便占了迪士尼本次收购福克斯时约30%的出价。
[2] 根据迪士尼公司的要约文件推算。

"我穷得只剩下钱了"

在传媒和通信两个子行业赛道中,以通信为主、传媒为辅的美国上市公司康卡斯特,在2016年的年底,它的市值约为1400亿美元,略低于迪士尼。作为传媒通信行业的龙头企业,康卡斯特的优点是业务稳定、身家丰厚;缺点是前景不明,常常自嘲"穷得只剩下钱了"。[①] 康卡斯特的处境与迪士尼相似,同样面临有线电视观众流失的危机。同时,通信公司之间的收购、合并操作不断,康卡斯特还要面对来自竞争对手的压力。2016年10月,美国电话电报公司向时代华纳开出850亿美元的巨额要约收购,倘若成功,势必将拉大美国电话电报公司与康卡斯特的差距。

到了2017年的年底,康卡斯特看到连迪士尼都蠢蠢欲动,

[①] 据《经济学人》(The Economist),康卡斯特的管理层常自嘲公司"钞票多但前境穷(cash-rich-but-future-poor)"。

开始逐"狐"中原，那自己再穷也不能坐视不理、任人鱼肉了。正所谓"瘦田无人耕，耕开有人争"！

康卡斯特的 CEO 名叫布莱恩·罗伯茨（Brian Roberts），康卡斯特的前身便是由他父亲创立的。布莱恩很有个性，毕业后入职康卡斯特，1990 年和 2002 年分别担任总裁和 CEO 职位。为了收购天空电视台，布莱恩在 2017 年 11 月初飞越大西洋，径自在伦敦街头坐上出租车，并与司机搭讪，想借此详细了解天空电视台。他还去了天空电视台的一个展示厅，在电视屏幕前手舞足蹈地试玩了游戏。回美国后布莱恩便丢下了一句话："在美国肯定没有这么棒的玩意儿！"

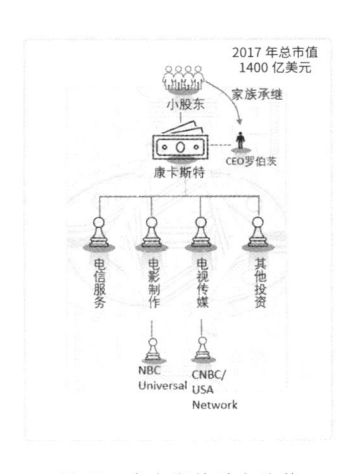

图 42 康卡斯特手上的牌

来源：作者制图。

不过，布莱恩并不是一般的纨绔子弟，更不是个草包，他没有把自己心仪天空电视台的这个秘密透漏给默多克家族或是迪士尼公司，而是放了个大烟雾弹！

层出不穷的烟雾弹

2017年11月，在迪士尼正式宣布收购福克斯之前，康卡斯特曾紧随迪士尼身后与默多克家族谈判，提出要竞价收购福克斯。与迪士尼和福克斯的谈判不同，不知何故，康卡斯特的动作很快便被媒体捕捉到了，抢先报道的还是身份微妙的美国消费者新闻与商业频道（CNBC），其背后的大股东就是康卡斯特。此事曝光后自然引起一阵阵热议，媒体还把另一个通信行业巨头威瑞森（Verizon）拖下了水，广泛发布了威瑞森有意竞逐收购福克斯的报道。

然而，康卡斯特在这个阶段动向未明。虽有动作，却没有提出正式的要约收购，加上康卡斯特在过去的收购中曾遭美国监管机构以反垄断为名阻挠，故迪士尼和福克斯似乎都没有把康卡斯特放在心上。福克斯的管理层不明就里，反而利用康卡斯特的意向来垫底，作为向福克斯董事局申请授权时的次优方案之一。[1]

2017年12月初，默多克与迪士尼CEO罗伯特·艾格（Robert Iger），在迪士尼的年度大片《星球大战：最后的绝地武士》（*Star Wars: The Last Jedi*）伦敦首映礼上，结伴出席并握手且动笔落实了

---

[1] 福克斯给董事局的多个选项中，除了迪士尼的首选方案，还有威瑞森的Party A方案，康卡斯特的则叫Party B方案。

意向，又在伦敦地标圣保罗大教堂前拍下了结盟照，而福克斯和迪士尼在隔日的股票开市前宣布了合并协议，似乎已把不自量力的康卡斯特抛在身后了。

"天空"才是尽头

有道是"不到黄河心不死",对这几个传媒大腕而言,"天空才是尽头"[①]!

2018年的年初,一直躲在幕后的康卡斯特终于正式出手,表面上看它是在"逐狐之役"中折翼被甩,才退而求其次,向福克斯旗下的天空电视台出击。

当时的导火线很可能是,天空电视台在东家可能有变的情况下,在英超新一轮的电视转播合约竞投中,出价低于当时的市价,最后居然成功"偷鸡",因此省下了为数不少的弹药。而天空电视台的股价,在利好消息的刺激下,猛然冲破14个月前福克斯试图私有化天空电视台时的要约出价(即每股10.75英镑)。当天空

---

① 英语谚语"Sky is the limit",意为如果你真心想做成某件事,那么一切都有可能发生,只有天空才是你的尽头。这里用来表达传媒企业努力做大做强,只有天空才是边界。同时,"天空"也是天空电视台的名字,这里有一语双关的意思。

电视台的股价徘徊在 11 英镑时，好事的英美媒体，包括英国《卫报》（The Guardian）和美国《华尔街日报》等都开始进行报道，纷纷说天空电视台不应接受"狐狸"现在看来偏低的出价。

空局：虚则实之

2018 年 2 月，康卡斯特首度出招"搅局"。虽然还没有做完尽职调查，康卡斯特却公布，要以每股 12.50 英镑（即企业的总股本估值为 220 亿英镑）且全现金的方式出价收购天空电视台，这一价格比福克斯高出了 16%，令市场一片哗然。2018 年 4 月，康卡斯特正式发出收购要约，重点申明了其出价的优越性，使得天空电视台的董事局不会轻易被"狐狸""老鼠"迷惑。

4 个月后，有趣的事情发生了。2018 年 6 月 13 日，经过近 20 个月的审理后，美国联邦大法官正式批准此前美国电报电话公司对时代华纳进行的 850 亿美元要约收购，这意味着康卡斯特所面临的来自同行的竞争压力正式浮上水面——行家都已经出手了，你还在等什么？但另一方面，这个裁决似乎也在告诉资本市场，联邦法院对垄断行为或有松动，对同业间的收购合并，似乎有开绿灯的迹象。

说时迟那时快，同一天，康卡斯特随即宣布，以 650 亿美元的全现金要约，收购迪士尼差点到手的那些福克斯的资产。如此一来，康卡斯特此次的夺宝行动，目标由其最初瞄准的天空电视台变成了其母公司福克斯，意图双龙出海，而迪士尼可能被迫要吐出"吃到嘴里"的"狐狸肉"！在出价文件中，康卡斯特毫不讳言，它就是要以豪金压人，它的出价不单是全现金，而且比对手足足多了100亿美元！这可能就是"穷得只剩下钱了"的最佳佐证。

康卡斯特此举出其不意，正是一招"上下其手"：上攻母公司福克斯，下取天空电视台。虚虚实实，真真假假。虽然已经与迪士尼进行近身肉搏，却又令人摸不着其真正的套路。

投鼠忌器

迪士尼也不是省油的灯，仅仅在7天后，即在2018年6月20日，便出价反击。迪士尼似乎心里有数，在目标上有优先次序的考虑，这一点在其出手方式上就可以看得出来。迪士尼最重要的目标是保住美国本土市场，即福克斯资产。被竞价后，福克斯的资产价值自然会水涨船高，迪士尼新的出价为713亿美元，比此前高出34%，且当中约有380亿美元将会以现金支付，剩余约333亿美元将以迪士尼的股份置换。置换后福克斯的原股东将占扩大股本后的迪士尼约20%的股份，这也意味着拥有福克斯17%股份的默多克家族，在完成交易后仍将成为迪士尼单一最大股东，占股约为3%。

2018年7月11日，在迪士尼的授意下，福克斯同时出价反击康卡斯特对天空电视台的"抢亲"。此时福克斯新的出价为246亿英镑，比康卡斯特4月份的出价仅提高了12%，这个不算很高的溢价，反映出迪士尼对天空电视台也许并非志在必得。

康卡斯特也在同一天把对天空电视台的出价提升至 259 亿英镑，虽然只是象征性地提价 5%，但其真正的意义，却是它没有出手的那一招——康卡斯特并没有对福克斯再度提价。

在谈判博弈、高手过招时，大家当然会聚焦对方亮出来的明招，但有时候，藏在袖子里的暗招，却会令对方更为忌惮，让对方有更多猜想。所以"老鼠""狐狸"还是在四处打探康卡斯特的虚实。

空欢喜

2018 年 7 月 19 日，康卡斯特终于亮出底牌。它忽然公告天下，表示将集中火力，放弃上盘的进攻，只争取下路的选项，即只争取天空电视台，并预祝对手迪士尼"抢亲"福克斯成功！原来，康卡斯特一直只对天空电视台有真实的意图，对福克斯出招是为了抬高迪士尼的收购成本，令"老鼠"倾箱倒箧、费九牛二虎之力才可夺取"狐狸"，当中还得大幅向外举债。[①] 迪士尼付款后，自然得好好喘口气，这就让康卡斯特有机可乘，能夺得自己心头之好天空电视台。

果然，在没有"第三者"之后，迪士尼对福克斯 712 亿美元的

---

① 美林证券（Merill Lynch）的报告指出，迪士尼将为此次 720 亿美元的收购背起 600 亿美元的外债，因为要应付有所增多的现金付款。该报告还指出迪士尼的债券势将被评级机构降级。注意，美林证券是康卡斯特的财务顾问，一般在有收购合并的情况下，各方的财务顾问为了避嫌，不会对自家顾客撰写证券投资报告，不过，这份报告算是债券的"数据更新"（其标题就是这样写的），似乎是个例外，而迪士尼债券被降级的忧虑，很值得玩味。

收购变得简单很多，只要水（钱）到便会渠成。迪士尼自己也得算账，它原本的如意算盘是，以换股的方式完成对福克斯的收购，不用花公司账上一分一毛的现金，只需要增发公司股份，即摊薄股东的权益，便可以把福克斯的优质资产拉进来。虽然"羊毛出在羊身上"，增发最终会影响公司日后的融资成本，但增发股票对现在的经营，乃至对只持有小部分股权的管理层而言，不会产生直接影响。然而，因为康卡斯特的搅局，迪士尼现在必须真金白银地掏出380亿美元，这些钱可不是多卖几个米老鼠娃娃、多拍几部星球大战电影就可以马上补回来的。同时，康卡斯特的收购对象，其实也包含了福克斯手上所持有的天空电视台那39%的股份。

换句话说，其实只要福克斯和迪士尼想得明白，大可以把手上天空电视台的股权卖给康卡斯特，套现走人。按当时的出价，福克斯和迪士尼可套现110亿英镑左右（约150亿美元）。也就是说，迪士尼真正因康卡斯特的插手而要多付出的钱，按此计算，"只"有33亿美元。

迪士尼虽仍然恼火，但情况还是可控的。

千金"丢"尽还复来[1]

到了最后阶段,收购双方的出价和当中的利害关系似乎已经大致清晰。康卡斯特钱多路子野,虚虚实实,但在最后阶段总算放出风声,让对手知道如何避重就轻,没有穷鼠啮狸。迪士尼一开始有点轻敌,只想顺手牵羊,幻想不花钱就能"抱得狐狸归",把福克斯和天空电视台双双拥入怀中,但后来总算明白自己是没有便宜可捡的,要是三心二意,哪怕是快到嘴里的肉,一不留神,也可能飞了,最后落得个竹篮打水一场空。

而默多克家族的这次出征,本以为自己是猎人一号,却在不知不觉间,平白无故地把自己端上桌,成了别人的点心。好在不管怎样,只要肯卖宝贝,不论是卖"狐狸",还是卖天空电视台,换来的是 65 亿美元和迪士尼单一最大股东的身份,怎么算也不能说是

---

[1] 并购交易如成功的话,英文叫作 deal(成交),这里的"丢"正是 deal 的谐音。

一件太坏的事。

当局者迷，对于正在较劲对峙的双方而言，也许并不容易作出抉择。2018年7月，一轮举牌之后，各方忽然沉静下来，都要回家好好算账。到了2018年9月，在新一轮英超赛季开赛后，英国资本市场中一个重量级的监管机构——英国收购与合并委员会（U.K. Panel on Takeovers and Mergers）像是热锅上的蚂蚁，因为康卡斯特和福克斯对天空电视台的要约收购已经快满两个月了，根据当地收购和证券交易条例的规定，两个月内各方应提出各自最后和最优的方案，以免旷日持久的收购战过度干扰资本市场。由于康卡斯特和福克斯迟迟未出手，英国收购与合并委员会只能主动协调，搞了一场极为罕见的"私下拍卖"[①]——经多方周旋，康卡斯特、迪士尼、福克斯和天空电视台四方同意，在9月22日这个周末，各方轮流出价，先由低价者（福克斯）出价，然后对手（康卡斯特）可出价或弃权，要是次轮出价高于首轮，而低价者尚有意出手的话，第三轮就由双方同时出一口价，一槌定音。

私人订制成全他人

大家不妨猜猜，在私下拍卖的前夕，天空电视台的股价如何？原来其股价一直徘徊在每股15.8英镑，稍高于7月份康卡斯特的

[①] 据《金融时报》（Financial Tines），自2000年来，只有两次收购战是用这种方式了结的。

较高出价。这个溢价反映出，市场认为下一轮的出价势将高于旧价，但为期两年的收购战已经把天空电视台的股价推高，再勇猛的投机者、对冲基金或散户也不敢冒进继续抢高股价了。所有人的神经都已经绷得很紧了，没有太多空间可退。

2018年9月22日，谜底揭晓。原来在此次的"私下拍卖"中，福克斯的首轮出价只是紧贴市场，为每股15.67英镑（企业总股本为276亿英镑）；而康卡斯特次轮的出价就激进得多，达每股17.28英镑（企业总股本为304亿英镑），比福克斯的出价高出10%，也比康卡斯特自己2个月前的出价高出17%，比7个月前的出价高出38%，更是比福克斯2016年12月的出价高出60%！因为福克斯没有再回价，该轮出价也是此次最后一轮竞价，最终，康卡斯特把天空电视台收入囊中。

2018年9月27日，迪士尼和福克斯欣然宣布要接过康卡斯特的绣球，把福克斯手上39%的天空股权全部卖给康卡斯特，套现约110亿英镑。在随后的私有化程序结束后，天空电视台被尽收在这个迟来的第三者手中。

丢不得，放不下

两年下来，这场没有硝烟的战争打得惊心动魄，牵动了大西洋两岸的4家上市巨企（其市值共计3800亿美元）。其间各家频频出招，声东击西，尔虞我诈。这单扑朔迷离的千亿收购战——福克斯在去掉天空电视台的价值后，约值600亿美元，而天空电视台约值400亿美元——终于尘埃落定、曲终人散。

2016年曾一心一意要将天空电视台的股权尽收麾下的默多克家族，出人意表，反而把自己当年从无到有、耗尽心血，花了近30年培育的体育及娱乐媒体拱手送出，令一向对其"不爱只恨"的英国媒体，乐得以"一个朝代的终结"来形容其卖出天空电视台的行为。

当然，默多克家族不会跟自己的钱包过不去，虽然"丢掉了"天空电视台和福克斯，却换了一个新的身份——在比这两者更强大，其体育和娱乐的内容也许更为精彩（失去英超是唯一的遗憾）的迪士尼公司中，默多克家族成了单一最大股东。另外，这两年的收购战令其身家水涨船高，截至2018年10月，计入迪士尼股份的价值之后，默多克家族的净资产值由2016年的110亿美元，跃升至2018年的180亿美元，两年的升幅高达63%！默多克家族无疑是这次连还扣杀中最大的得益者，也是"舍得"之辈的典范。

在这次收购战中，迪士尼有得有失。得到了福克斯大部分的媒体内容和有线网络，但"丢掉了"天空电视台，令其借此次收购一步跨越大西洋，挺进英国和欧洲的愿望落空，非常可惜。对小朋友而言，迪士尼一向是偷心高手，怎料这次高手背后还有高手。不过，塞翁失马焉知非福，迪士尼不用再大费周章地举债集资，保守的债券投资者和基金公司也许可以松口气。这场盛宴里，接下来就要看"鼠""狐"共舞，能否创造传说中的"协同效应"。

把天空电视台从迪士尼、福克斯、默多克家族嘴边抢过来的康卡斯特，这次成功"抢亲"，确实赢得了收购战上的技术分，尤其是那一招声东击西——偷袭"狐狸"的巢穴，但最后又拍拍屁股说这是"虚招"，堪称技术性地击败了对手。但康卡斯特很可能是"赢家诅咒"中的惨胜者。因为康卡斯特买到手的天空电视台，其2016年时的市值仅为135亿英镑[①]，但康卡斯特却多出了近200亿英镑的"礼金"溢价，以总股本约304亿英镑的价格，把2017年利润只有约12亿英镑的业务揽入怀中。当然，这项新业务与康卡斯特的本业虽然相关，但没有重复，互补性很强，这就是康卡斯特愿意出此"天价"的原因。

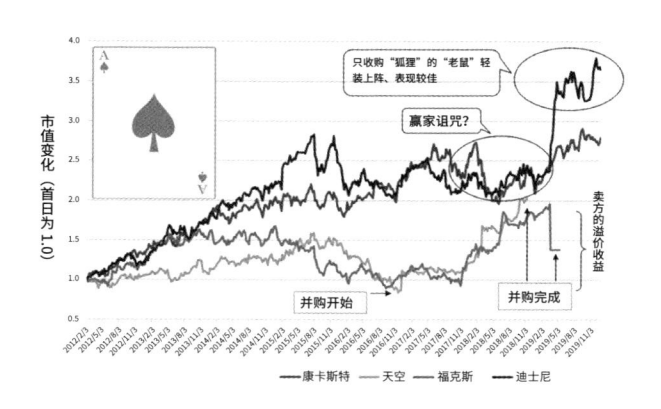

图43 千金丢尽还复来

来源：彭博社。

[①] 据21世纪福克斯的说法，福克斯当初以每股10.75英镑的价格收购天空电视台，这个价格已是天空电视台在"未有波动"时股价（每股7.69英镑）的4成溢价。

然而，康卡斯特的小股东和基金经理可不买这个账，在"私下拍卖"结果公布后的一周内，康卡斯特的股价痛跌7%，同期迪士尼的股价却上升4%，荣辱互见。而这个反差在2019年更为明显。对迪士尼而言，前几年几乎是在原地踏步，但在收购福克斯，同时把背负过多债务的阴霾一扫而空后，市值顿时像漫威（Marvel）电影中的惊奇队长上身，一飞冲天。反观康卡斯特，在吞下天空电视台这个市值400亿美元的公司后，其总体市值反而回落到了当初跳入火坑前的水平，大有白干一场之感。

尾声：绝处或可逢生

2012 年，英国心脏基金会（British Heart Foundation, BHF）拍了个关于拯救心脏病突发人士的广告，广告的主角是温布尔登足球俱乐部（AFC Wimbedon）①的名将维尼·琼斯（Vinnie Jones）。外表凶悍、打法勇猛的琼斯，退役后凭其"口碑"获得了电影人的赏识，在多部黑帮电影中收获了事业的第二春。琼斯参与拍摄的广告，其配乐是把 20 世纪 70 年代迪斯科热潮推上顶峰的《活着》（Stayin' Alive），此曲的经典之处，是它即便再过 50 年也会让广告商心跳加速的节奏。

比吉斯乐队（Bee Gees）后来在解释歌曲的社会性时说道："这首歌写的是在纽约大道上弱肉强食、适者生存的故事！"歌词是这样写的：

出生以来，我游游荡荡
I've been kicked around since I was born.

---

① 英格兰足总杯 1988 年盟主，因其球风硬朗粗野，外号"狂帮"。现更名为米尔顿凯恩斯足球俱乐部（Milton Keynes Dons FC）。

我们该尝试去理解《纽约时报》对人的影响
We can try to understand the New York Times'effect on man.
感受城市的飞速发展和每个人的颤动
Feel the city breakin'and everybody shakin'
或许你为人兄，或许你为人母
Whether you're a brother or whether you're a mother,
你正活着，痛快地活着
You're stayin'alive, stayin'alive.

其实每个年代都有成王败寇的故事，我们所处的 Z 世代并不是唯一一个要挑战命运（运气）的时代，但我们这个年代，却是行为科学渗入生活的年代，是行为改造和 AI 首度大规模结合的风谲云诡的时代。

辗转多年，我们确实对感性和理性、直觉和计算（系统 1 和系统 2）有了多元的认识，总算明白即使是理性人也会有主观偏见，花天价抢人的球队总会存在。而害怕失落、逃避痛楚的情绪，常常使得我们在该放手时没能及时放手，在不应放松时却又松懈下来。人的行为既然有如此之多的偏差，如果不能彻底消除它们，那还可以用 AI 来代替人作决定吗？或者，是否可以想方设法诱导和改变人的行为？由此，伴随着行为学渗入生活的大小领域，机器人和程序也在兴起，而各个品牌、网络公司和公共政策制定者都在积极地从理查德·塞勒的"助推"中取经。[①]

这也意味着，我们正身处大数据和无孔不入的算法之中。当移动通信、社交媒体、观点新闻和网购杂糅在一起时，每个球迷（个体）都是商家品牌、社媒巨擘和躲在暗处的"刺客"可以单独追击的目标。

算法会以巨星和社交平台作为吸引人的手段，这也令巨星的成就如虎添翼。而"我们"作为巨星成就的另一端，仿佛失去了裁判官的身份，只剩下被引流的消费者这个角色。行为科学和算法双翼齐飞的威力，的确不容忽视。[②]

幸运的是，还有"幸福不是必然的"这句话——对输家或后来者而言，这句话像是老师给榜末学生的红笔批注，警告学生别再偷懒；但对赢家而言，这话也像少林方丈给那自以为是的大弟子的一记当头棒喝，让大弟子不要以为好运气一定会持续存在。在巨星方程式的视角下，既然机遇是未知数，那么"均值回归"就是常态，射手的运气总有一天会用完。不信？看看 20 世纪七八十年代在英格兰和欧洲雄霸多时的利物浦，自获得 1990 年英甲联赛冠军后，等了足足 30 年，到 2019/2020 赛季才再度捧杯；20 世纪 90 年代

[①] 塞勒在其名作《助推》中，阐述了如何利用行为学的发现，以家长式的、看似是善意的、不易察觉的方式，改造消费者、纳税人或投票人的决策行为。

[②] 克里斯托弗·怀利（Christopher Wylie）以吹哨人（举报者）的身份揭露"剑桥分析公司"操纵美英两国的选票，他写了《对不起，我操控了你的大脑》（Mindf*ck: Cambridge Analytica and the Plot to Break America）一书，指出这家公司有美国投资家和政客及英国富二代参与，是一家数据"爬手"和算法高手云集的公司，为了合理化这家公司利用脸书用户数据的行径，他们将卡尼曼的行为科学研究作为那些算法设计的底层知识基础之一。

至千禧年代声势浩荡的曼联，创造了多次三连冠，但自其传奇领队弗格森退役后，就判若两队，多次被挤出榜单前列。折射在社会经济现象上，是精英群体的优越性越来越被质疑，人们开始怀疑"英才"也许只是选秀场上幸运的赢家，现在常与"滥权暴君"一起被放在同一个框架中看待。[1]

最后，"我们"这些有多重身份的人是疯狂的球迷，也是巨星的定义者；是俱乐部忠实的守护人，也是俱乐部的盈利来源。比吉斯乐队歌曲中平凡的人兄、人母，原来也是纽约大道上的幸存者。"我们"的幸福不是必然地多，也不是绝对地少。技艺会每天爱"我们"多一些，跨能"⊥"型是持久战的工具，而终生学习才是真正的不动产。

要学巨星，不应该只学习他们手脚上的技艺，还要学习他们的意念和想象力（在巨星方程式中，意念和想象力都是技艺的一部分，前提是拥有前面的运气）。反面想象是 AI 的盲点（至少现在是），《黑天鹅》（Black Swan : The Impact of the Highly Improbable）的作者塔勒布没有骗我们[2]，近 20 年，符合幂律分布爆出的极端值事件一个都不少。在日常生活的得失中，我们可以多用反事实来窥探原本应出现而没有出现的历史事件，辨别其因果，从而避免一出现"黑天鹅"就一败涂地。更积极的一步是，学会从敌人身上"不

---

[1] 哈佛大学的教授迈克尔·桑德尔（Michael Sandel）在作品《精英的傲慢》（The Tyranny of Merit）中，以哲学的视角阐释了前文提到的选秀赛的寓意。

[2] 《黑天鹅》的作者塔勒布称，反事实即为"另类历史"（alternative histories）。

会自己说话"的线索中，判断出得分最多的那些没有入网的球，从而探出"闷声发大财"的路子。

　　本书的第三部分给我们这些喜欢体育的普通人带来了一个好消息。过去，体育产业常常被视为一个小赛道，但自从2020年健康热潮和居家办工风潮兴起，传统的球鞋、运动服饰品牌覆盖面大大延伸，只要能抓住消费者的心，再加上一些噱头，小公司要开辟自己的战场，在当今讲求网络去中心化、去平台化的大潮之下，杀出重围并非不可能。要是能在流量和内容上取得平衡，那么，前途则"只有天空才是尽头"！

　　只要迎难而上，绝处也许会逢生。

生活无路可走，（但）有人帮助我

　Life goin' nowhere, (but) somebody help me…

我时低时高

I get low and I get high…

啊哈哈哈，我正活着呢

Ah, ha, ha, ha, I'm stayin' alive.

后记

在今日这个复杂多变、世代更替快如软件更新的世界，个人或企业的成就越来越两极分化。头部赢家，即那些成为巨星的明星个人或企业，其技术也许只比他人胜出半分几毫，但所获得的成就却符合幂律分布，是一种不按比例倾斜的分布，大的一边接近无限。不过，作为逆流而上的后来者，虽然要迎难而上，却仍可轻提"心意无限"这把宝剑，乘驹闯关。

成就无限

让我们用一个公式把巨星方程式呈现给大家。

巨星方程式"成就 = 运气 + 技艺"，公式的一左一右分别是两种无限。

$$\infty = \sigma + \Sigma(x+y\cdots\pi)$$

让我们从左至右看。

∞代表无限大，代表成就的无限。

这个无限是相对而言的，即成就之差之所以是无限的，是相对于个人技艺或企业效益的差异而言的，技艺和效益是有限之差。

以 2021 年的欧洲杯为例。历史上欧洲杯神射手纪录保持者，是法国"大帝"米歇尔·普拉蒂尼（Michel Platini），他在 1984 年法国主办的欧洲杯 5 场比赛中射入 9 球，至今无人能及。如今的世界杯因赛制修改而有更多的球队参赛，冠军队要多踢三场，但金靴也只射入 6 球（2016 年）、5 球（2020 年）和 3 球（2012 年），这些数字，与没有入球或只有 1 个入球的球员相比，其实差别是有限的。

球员的天赋，可谓各花入各眼，但从客观量度的维度看（球员的体能、身型和意识，以及领队、教练团、运动科学家、心理学家和数据分析师等军师的督导等），现代足球运动员，尤其是前锋（入球的关键人物），肯定是人中龙凤。但当你龙飞凤舞时，对方守卫也没有放松，于是大家的水平一起提升了。所以，草坪上球员的技艺，表现在球员的进球数、每场的跑动距离，以及单挑争球的取胜率等方面，会有一定的差别，但并不极端。

但是，由个人技艺所攫取的成就，其差别极大。以 2021 年欧洲杯 24 支球队 623 名球员为例，身价约 1.6 亿欧元的法国新金童姆巴佩，与在国际足联世界排名中位居 60 多名的北马其顿队身价最低（"仅"值 10 万欧元）的球员相比，其差异是否几近无限般的遥远？如果你是南欧弱国球队的后卫，望着北方天际星河灿烂的法国金元足球盛宴，应该会感觉到遥不可及。[①] 即便是球队的领队，也有很大差异。收入最高的是德国队的领队，其年收入约520万美元，最低的是芬兰队的领队，其年收入仅为20万美元。

收入不均不是新鲜事，重点是差异越来越大，那是因为今日用来计算收入的指标，如人气和热度，服从幂律分布。

心意无限

我们再跳到公式的右边。

σ 在统计学界或经济学界向来代表波动性，有不可预测之意，正好代表运气。

Σ 代表总和。技艺这一项中有各种因素，包括天赋（x）、刻意练习（y）……而最特别的就是 π。

前文中说过，等号的一左一右是两个无限，右边的符号 π 正是另一个无限。它是我们从小就学过的圆周率符号。它的特别之处是，3.14后是无穷的，它所代表的，就是公式中技艺这一项的绝招之一：一种特殊的意念想象。它的力量是无穷的，虽然心想不一定事成（π 不会大过3.15），但只要"我们"愿意多想一步，尤其是从反面想，那么，在小数点后，我们永远可以再接再厉，前途便没有尽头。

[①] 以上根据 www.transfermarkt.com 在2021年7月欧洲杯如火如荼时的资料计算；如以2022年初的资料计算，该北马其顿球员的身价被腰斩至5万欧元，而姆巴佩的身价仍维持不变。

参考文献

大江健三郎著（1967），赵双钰译（2009）.《万延元年的足球》.吉林大学出版社.

大江健三郎著（1998），王成译（2019）.《我的小说家修炼法》.中央编译出版社.

大江健三郎著(2007)，许金龙译(2019).《读书人》.贵州人民出版社.

大江健三郎口述(2007)，许金龙译(2019)《大江健三郎口述自传》.贵州人民出版社.

占飞（2020年7月7日）."'无思无想'高手过招".《信报》.

艾云豪著（2016）.《谁偷走了红魔》.非凡出版社.

艾云豪（2017年3月17日）."变身毕非德的代价".《信报》.

艾云豪（2017年11月10日）."大班解构英超如何横空出世".《足球周刊》（香港版）.

艾云豪（2017年11月30日）."天空的声音".https://www.master-insight.com.

车品觉（2020年10月8日）."网络世界加速集体力量".《信报》.

杨泥娃（2020 年 12 月 14 日）."一条瑜伽裤的中国式狂奔：电商占比近 4 成，市值超阿迪".电商在线.

彼德·汉德克著（1970），张世胜等译（2013).《守门员面对罚点球时的焦虑》.上海人民出版社.

高天佑（2020 年 1 月 29 日）."高比·投资·原子习惯".《信报》.

莫逸风和黄海荣著（2018).《香港足球志》.非凡出版社.

梁文道（2006 年 7 月 9 日）."守门员的思考".《梁文道文集》.www.commentshk.com.

张五常著（2010）.《新卖桔者言》.花千树出版社.

阳志平著（2019）.《人生模式》.电子工业出版社.

米格尔·奎斯塔·鲁维奥和乔纳森·桑切斯·莫拉著（2015），孟鼎博和汪俊成译（2017).《门德斯传：世界上最好的生意人》.台海出版社.

谢识予著（2017).《经济博弈论》（第 4 版）.上海复旦大学出版社.

罗伯特·巴乔著（2001），刘月樵和刘儒庭译（2003）.《天上的门：巴乔自传》.译林出版社.

* 艾云豪另有多篇在《名家》《足球周刊（香港版)》《信报》《球迷世界》和《明报》上发表的文章，有些文章经修订后，成为本书的部分内容，由于版面有限，不做赘述。

Adame Tony & Tahara, Derek (10 September 2020). "Best Free-Throw Shooters in NBA History". https://www.stadiumtalk.com.

Advent International (7 August 2014). "lululemon athletica inc., lululemon Founder Chip Wilson and Advent International announce stock sale and support agreements". https://www.adventinternational.com.

Anderson, Chris & Sally, David (2014). *The Numbers Game: Why Everything You Know About Football is Wrong*. Penguin Books.

Arrondel, Luc, Duhautois, Richard & Laslier, Jean-Francois (2019). "Decision Under Psychological Pressure: The Shooter's Anxiety At The Penalty Kick". *Journal of Economic Psychology*, 70: 22-35.

Banerjee, Abhijit & Duflo, Esther (2011). *Poor Economics: A Radical Rethinking of the Way to Fight Global Poverty*. New York: Public Affairs.

Banerjee, Abhijit & Duflo, Esther (2019). *Good Economics for Hard Times: Better Answers to Our Biggest Problems*. Penguin Books.

Barabási, Albert-László (2018). *The Formula: The Universal Laws of Success*. Little, Brown and Company.

BBC (25 November 2005). "Was George the Best". https://www.bbc.com.

BBC (13 July 2011)."News Corp withdraws bid for BskyB".https://www.bbc.com/news/business-14142307.

BBC (1 July 2018) "World Cup 2018: Everything You Need To Know

About Penalty". https://www.bbc.com/sport/football/44641247.

Beilock, Sian (2011). *Choke: The Secret to Performing Under Pressure.* London: Constable.

Besters, Lucas M., van Ours, Jan C. & van Tuijl, Martin A. (2019). "How Outcome Uncertainty, Loss Aversion And Tam Quality Affect Stadium Attendance In Dutch Professional Football". *Journal of Economic Psychology,* 72: 117-127.

Bleacher Report (20 August 2009). "Pele good, Maradona great, George Best". https://www.bleacherreport.com.

Bloomberg (11 February 2014). "Real Madrid, Barcelona Will have TV Revenue Limited by Law". https://www.bloomberg.com.

BofA Merill Lynch (13 August 2018). "The Walt Disney Company: Updating the analysis, we are". BofA Merrill Lynch Global Research.

Bolt, J., De Jong, H., Inklaar, R. & Van Zanden, J. (2018). "Rebasing 'Maddison': New income comparisons and the shape of long-run economic development". IDEAS Working Paper Series from RePEc.

Brakman, Steven & Garretsen, Harry (January 2009). "Trade and Geography: Paul Krugman and the 2008 Nobel Prize in Economics". CESINFO Working Paper No. 2528.

Business Insider (2 July 2021). "'Privileged white wellness': Lululemon corporate employees speak out on the culture of racial insensitivity".

https://www.businessinsider.com/lululemon-corporate-employees-describe-traumatic-racial-insensitivity-2021-6.

Carmichael, Fiona (2005). *A Guide to Game Theory*. Prentice Hall.

CBS (8 November 2013). "Lululemon's Chip Wilson apologizes - but only to staff". https://www.cbc.ca/news/canada/british-columbia/lululemon-s-chip-wilson-apologizes-but-only-to-staff-1.2420837.

CFA Institute (May 2019). "Investment Professional of the Future" in *Future of Finance* by CFA Institute, Charlottesville, Virginia, United States.

Chernow, Ron (1990). *The House of Morgan: An American Banking Dynasty And The Rise Of Modern Finance*. New York: Atlantic Monthly Press.

Clear, James (2018). *Atomic Habits: An Easy & Proven Way to Build Good Habits & Break Bad Ones*. UK: Penguin Random House.

Clear, James (n.d.). "Lessons on Success and Deliberate Practice from Mozart, Picasso, and Kobe Bryant". https://www.jamesclear.com/deliberate-practice.

CNBC (27 February 2018). "Comcast CEO hails a cab driver's influence in making the company's bid for Sky 'jewel'". https://www.cnbc.com/2018/02/27/comcast-ceo-hails-a-cab-drivers-influence-in-bid-for-sky-jewel.html.

CNN (13 June 2018). "Judge approves $85 billion AT & T-Time Warner deal". https://www.money.cnn.com/2018/06/12/media/att-time-warner-ruling/index.html.

Comcast Corporation (27 February 2018). "Superior Cash Proposal for Sky by Comcast". Company Filing.

Comcast Bidco Limited (27 September 2018)."Recommended Mandatory Superior Cash Offer". Company Filing.

Comcast Corporation (13 June 2018). "Schedule 14A: Preliminary Proxy Statement Pursuant to Section 14 (a)". SEC Filing.

DealRoom (13 November 2021). "Examples of the Most Successful Company Mergers and Acquisitions of All Time". https://www.dealroom.net.

Davy, Emma (2003). "Trick kick" . *Current Science* (Middletown), 89 (1): 4.

Duflo, Esther (2017). "Economist as Plumber". *American Economic Review: Papers & Proceedings,* 107 (5): 1-26.

Deloitte (March 2017). "Sports Tech Innovation in the Start-up Nation". Brightman Almagor Zohar & Co. and Deloitte Touche Tohmatsu Limited. https://www.deloitte.co.il.

Dixit, Avinash K. & Nalebuff, Barry J. (2008). *The Art of Strategy: A Game Theorist's Guide to Success in Business and Life.* New Yook: W.W.

Norton & Company.

Eames, Tom (18 September 2019). "The Story of Stayin Alive by the Bee Gees". https://www.smoothradio.com.

Easley, D. & Kleinberg, J. (2010). *Networks, Crowds, And Markets: Reasoning About A Highly Connected World*. Cambridge: Cambridge University Press.

The Economist (26 April 2014). "Berkshire Hathaway: Playing out the last hand". https://www.economist.com.

The Economist (20 August 2016). "Game theory: Prison breakthrough, the fifth of our series on seminal economic ideas looks at the Nash Equilibrium". https://www.economist.com.

The Economist (18 January 2018). "A weak market for football rights suggests a lower value for sport". https://www.economist.com.

The Economist (27 September 2018). "Comcast carries off Sky". https://www.economist.com.

The Economist (22 June 2019). "Rockonomics, by Alan Krueger". https://www.economist.com.

The Economic Times|Panache (24 October 2019). "Nobel laureate Abhijit Banerjee gets life membership of Mohun Bagan Athletic Club". https://www.economictimes.indiatimes.com.

Edwards, Martin (2017). *Red Glory: Manchester United and Me*. Michael

O'Mara Books Limited.

Epstein, David (2019). *Range: How Generalists Triumph in a Specialized World*. London: Macmillan.

Epstein, David (16 September 2020). "Never Stop Learning", presentation made and summarized for CITIC CLSA's Investors Forum.

Ericsson, Anders & Pool, Robert (2016). *Peak: Secrets from the New Science of Expertise*. Boston: Houghton Mifflin Harcourt.

Evens, Tom, Losifidis, Petros & Smith, Paul (2013). *The Political Economy of Television Sports Rights*. Palgrave Global Media Policy and Business.

Ferguson (22 October 2013). "Alex Ferguson: I tried to sign Paolo Maldini for Man United but he turned us down". https://www.mirror.co.uk/sport/football/news/alex-ferguson-admired-paolo-maldini-2479663.

Financial Times (16 March 2020). "Radical Uncertainty: Decision-Making Beyond the Numbers, by John Kay and Mervyn King". https://www.ft.com.

Financial Times (20 September 2018)."Sky bidding battle approaches auction climax". https://www.ft.com.

Forbes (5 December 2015). "$1.6B Worth of TV Deals Good News for Real Madrid, Barcelona and La Liga". https://www.forbes.com.

Forbes (2016). "The Full List of Every American Billionaire - 2016". https://www.forbes.com/sites/chasewithorn/2016/03/01/the-full-list-of-every-american-billionaire-2016.

Forbes (14 October 2018). "#53 Rupert Murdoch & family". https://www.forbes.com.

Forbes (27 September 2021). "Meet Private Equity's Quiet Corporate Turnaround Artist."https://www.forbes.com/sites/antoinegara/2021/09/27/meet-private-equitys-quiet-corporate-turnaround-artist/?sh=45a79f2a3789.

FourFourTwo (April 2019). "101 Greatest Players of our Lifetime". Issue 300: 25th Anniversary Special. Future PLC.

Fraiberger, Samuel, Sinatra, Roberta, Resch, Magnus, Riedl, Christoph, & Barabási, Albert-László (16 November 2018). "Quantifying Reputation and Success in Art". *Science*, 362 : 825-829.

Frank, Robert (2016). *Success and Luck: Good Fortune and the Myth of Meritocracy*. New Jersey: Princeton University Press.

Garcia, Borja, Palomar Olmeda, Alberto & Perez Gonzalez, Carmen (2010). "Spain: Parochialism Or Innovation?" Conference paper prepared for UACES 40th Annual Conference, Bruges, 6-8 September 2010.

Geey, Daniel (April 2015). "What The New Domestic Premier League Broadcasting Rights Windfall Means For Stakeholders". *UCFB Journal of Sport Business*, April 2015.

Geey, Daniel (2019). *"Done Deal: An Insider's Guide to Football Contracts, Multi-Million Pound Transfers and Premier League Big Business"*. Bloomsbury Sport.

The George Best Hotel (20 October 2018). "'El Beatle'- How George Best Became Known as the Fifth Beatle. " https://www.georgebesthotel.com.

Gladwell, Malcolm (2008). *Outliners: Story of Success*. Penguin Books.

Global News (8 November 2013). "Watch: Chip Wilson apologizes for saying Lululemon pants don't work for some women's bodies". https://globalnews.ca/news/956683/watch-chip-wilson-apologizes-for-saying-lululemon-pants-dont-work-for-some-bodies.

Gordon, Daniel (2017). *"George Best: All by Himself"*. DVD. Passion Picture.

Goldman Sachs (4 September 2007). "Initiation: lululemon athletica inc. Buy". The Goldman Sachs Group, Inc.

Griffin, Tren (2015). *Charlie Munger: the Complete Investor*. Columbia Business School Publishing.

The Guardian (15 June 2010). "BSkyB rebuffs takeover bid from News Corporation". https://www.theguardian.com/media/2010/jun/14/bskyb-news-corporation-takeover-bid.

The Guardian (11 April 2013). "La Liga seeks collective TV rights deal to close gap on Premier League". https://www.guardian.com.

The Guardian (18 February 2018). "Sky netted a sweet Premier League deal but the TV rights bubble isn'tover". https://www.theguardian.com/football/2018/feb/18/sky-premier-league-tv-rights-deal-amazon-onsidelines.

The Guardian (26 September 2018). "Rupert Murdoch's Sky reign to end as Fox sell shares to Comcast". https://www.guardian.com.

The Guardian (26 February 2021). "Do what you're good at: Ibrahimovic tells LeBron James to stick to sports". https://www.guardian.com.

The Guardian (2 March 2021). "Zlatan Ibrahimovic doubles down on criticism of LeBron James". https://www.guardian.com.

Handke, Peter (1972). *The Goalie's Anxiety at the Penalty Kick*, M. Roloff, Trans. New York: Farrar, Straus and Giroux. (*Die Angst des Tormanns beim Elfmeter*, 1970.)

Handke, Peter & Wenders, Wim (1971). *"The Goalie's Anxiety at the Penalty Kick"*. SKY Gigi Entertainment. DVD.

Harris, Wes (03 December 2013). "Real Madrid, Barcelona Fined for TV Broadcasting Rights Deals". https://www.businessofsoccer.com.

Harvard Business Review (March 2014). "Kering's CEO on Finding the Elusive Formula for Growing Acquired Brans". https://www.hbr.org.

Harvard Business School (7 December 2012). "Knight the King: The Founding of Nike". https://www.hbsp.harvard.edu.

Huntington, Samuel (1997). *The Clash Of Civilizations And The Remaking Of World Order*. New York: Touchstone.

The Independent (27 May 2018). "Pelé has been voted the greatest footballer of all time Brazilian star beats out Diego Maradona, Lionel Messi and Cristiano Ronaldo to top spot". https://www.independent.co.uk.

IESE Business School (2007). "A Puma vs Giants: The Rise of David". University of Navarra. IES220: 0-307-036.

Johnson, Chalmers (1982). *MITI And The Japanese Miracle: The Growth Of Industrial Policy, 1925-1975*. Stanford, Calif.: Stanford University Press.

Kahneman, Daniel (2011). *Thinking, Fast and Slow*. London: Random House.

Kahneman, Daniel & Tversky, Amos (1979). "Prospect Theory: An Analysis Of Decision Under Risk". *Econometrica*, 47: 263-291.

Kay, John & King, Mervyn (2020). *Radical Uncertainty: Decision-making for an Unknowable Future*. The Bridge Street Press.

Kelly, Jason (2016). *Sweat Equity: Inside the New Economy of Mind and Body*. Bloomberg Book.

Klotz, Leidy (2021). *Subtraction: the Untapped Science of Less*. Flatiron Books.

Knight, Philip (2016). *Shoe Dog*. Simon & Schuster.

Krist, William (2013). "Chapter 3: Trade Agreements and Economic Theory", in *Globalization and American's Trade Agreements*. Woodrow Wilson Center Press with Johns Hopkins University Press.

Krueger, Alan (2019). *Rockonomics: What the Music Industry Can Teach us About Economics (and Our Future)*. London: John Murray.

Krugman, Paul, Obstfeld, Maurice & Melitz, Marc J. (2018). *International Economics: Theory and Practice*. UK: Pearson.

Kuper, Simon & Szymanski, Stefan (2018). *Soccernomics*. Nation Books.

Los Angeles Times (14 December 2017). "Murdoch family becomes second largest Disney shareholder with Fox deal". https://www.latimes.com.

Levitt, Steven D. & Dubner, Stephen (2005). *Freakonomics*. William Morrow.

Lewis, Michael (13 February 2009). "The No-Stats All-Star". *The New York Times Magazine*. https://www.nytimes.com/2009/02/15/magazine/15Battier-t.html.

Lewis, Michael (2016). *The Undoing Project: A Friendship That Changed Our Minds*. New York: W. W. Norton & Company.

Lululemon Atheletica Inc. (26 July 2007). "Lululemon Atheletica Inc.: Common Stock". Prospectus. https://www.sec.gov/Archives/edgar/data/1397187/000095012307010402/y36921e424b4.htm.

Macfarlane, Alan (2018). *China, Japan, Europe And The Anglo-Sphere, A Comparative Analysis*. Great Britain: Cam Rivers Publishing Limited.

Maldini, Paolo (n.d.). "Paolo Maldini Quotes". https://www.azquotes.com/author/27765-Paolo_Maldini.

Massey, Cade & Thaler, Ricard (2013). "The Loser's Curse: Decision Making and Market Efficiency in the National Football League Draft". *Management Science*, 59 (7): 1479-95.

Mauboussin, Michel J. (2012). *The Success Equation*. Massachusetts: Harvard Business Press.

McCain, Roger A. (2009). *Game Theory and Public Policy*. Edward Elgar.

McCain, Roger A. (2014). *Game Theory: A Nontechnical Introduction to the Analysis of Strategy*, 3rd Edition. World Scientific.

Memert, Daniel & Noël, Benjamin (2020). *The Penalty Kick: The Psychology of Success*. Meyer & Meyer Sport.

Montero, Barbara Gail (2016). *Thought in Action: Expertise and the Conscious Mind*. Oxford University Press.

Morgan Stanley (10 January 2022). "Lululemon Athletica Inc. Holiday Performance Update". Morgan Staley Smith Barney LLC.

Morgan, Stephen L. & Winship, Christopher (2015). *Counterfactuals And Causal Inference: Methods And Principles For Social Research*. Cambridge University Press.

Neville, Gary (2011). *Red: My Autobiography*. Corgi Books.

The New Republic (14 October 2021). "Tragedy Kept Alan Krueger from Claiming a Nobel Prize, but He's Not Forgotten". https://www.

newrepublic.com.

The New York Times (2 February 2015). "Chip Wilson, Lululemon Guru, Is Moving On". https://www.newyorktimes.com.

Oe, Kenzaburo (1988). *The Silent Cry*, Bester, John. Trans., New York: Kodansha International.

Palacios-Huerta, Ignacio (2014). *Beautiful Game Theory*. Princeton University Press.

The Panel on Takeovers and Mergers (20 September 2018). "Offers by Comcast Corporation and Twenty-First Century Fox Inc for Sky PLC". https:// www.thetakeoverpanel.org.uk.

Pappalardo, Luca et. al. (2017). "Human Perception of Performance". arxiv:1712.02224v1, also cited in *MIT Technology Review*, December 2017.

Pearl, Judea & Mackenzie, Dana (2018). *The Book of Why*. Penguin Books.

Pearl, J., Glymour, M. & Jewell, N. (2016). *Causal Inference in Statistics: A Premier*. John Wiley & Sons.

Peñas, Carlos Lago (15 October 2019). "The Influence of Age on Footballers' Performance". https://www.barcainnovationhub.com/the-influence-of-age-on-footballers-performance.

Petrosoniak, Andrew, Lu, Marissa, Hicks, Christopher, Sherbino, Jonathan, McGowan, Melissa & Moneiro, Sandra (2019). "Perfecting Practice: A Protocol For Assessing Simulation-Based Mastery Learning

And Deliberate Practice Versus Self-Guided Practice For Bougie-Assisted Cricothyroidotomy Performance". *BMC Medical Education*, 19 (1) :100.

Pluchino, Alessandro, Biondo, Alessio Emanuele & Rapisarda, Andrea (2018). "Talent Versus Luck: The Role of Randomness in Success and Failure". *Advances in Complex Systems*, Vol. 21, No. 3 n 4.

Pope, Devin & Schweitzer, Maurice (February 2011). "Is Tiger Woods Loss Averse? Persistent Bias in the Face of Experience, Competition and High Stakes". *American Economic Review*, 101: 129-157.

Pyle, Kenneth (2018). *Japan In The American Century*. Cambridge, Mass.: Harvard University Press.

Riedl, D., Heuer, A. & Strauss, B. (2015). "Why The Three-Point Rule Failed To Sufficiently Reduce The Number Of Draws In Soccer: An Application Of Prospect Theory". *Journal of Sport and Exercise Psychology*, 37 (3): 316-326.

Rooney, Wayne (2012). *Wayne Rooney: My Decade in the Premier League*. Harper Collins Publisher.

Royal Swedish Academy of Sciences (13 October 2008). "Trade and Geography - Economies of Scale, Differentiated Products and Transport Costs". *Kungl. Vetenskapsakademien*, Sweden.

Royal Swedish Academy of Sciences (14 October 2019). "Understanding

Development and Poverty Alleviation". *Kungl. Vetenskapsakademien*, Sweden.

Sandel, Michael J. (2020). *The Tyranny of Merit: What's Become of the Common Good?* London: Allen Lane.

Schmidt, Eric, Rosenberg, Jonathan & Eagle, Alan (2019). *Trillion Dollar Coach: The Leadership Handbook of Silicon Valley's Bill Campbell*. London: John Murray.

Smit, Barbara (2008). *Sneaker Wars*. Harper Collins Publisher.

The South China Morning Post (27 November 2005). "My Hong Kong Nights with teetotal George". https://www.scmp.com/article/526795/my-hong-kong-nights-teetotal-george.

Sporting Intelligence (December 2019). *"Global Sports Salaries Survey 2019"*. https://www.sportingintelligence.com.

Swiss Ramble (21 June 2011). "Real Madrid and Financial Fair Play". https://www.swissramble.blogspot.hk/2011/06/real-madrid-and-financial-fair-play.html.

Sunstein, Cass & Thaler, Richard (2009). *Nudge: Improving Decisions About Health, Wealth, and Happiness*. London: Penguin Books.

Taleb, Nassim Nicholas (2004). *Fooled by Randomness: The Hidden Role of Chance in Life and in the Markets*. London: Penguin Books.

Taleb, Nassim Nicholas (2007). *The Black Swan: The Impact of the*

Highly Improbable. London: Penguin Books.

Thaler, Richard (2015). *Misbehaving: The Making of Behavioral Economics*. New York: W.W. Norton & Company.

Thiel, Peter & Masters, B G. (2014). *Zero To One: Notes On Startups, Or How To Build The Future"*, first ed., New York: Crown Business.

Toffler, Alvin (1981). *The Third Wave*. New York: Bantam Books.

Tsai, Claire I, Klayman, Joshua & Hastie, Reid (2008). "Effects of Amount of Information on Judgment Accuracy and Confidence". *Organizational Behavior and Human Decision Processes*, 107 (2): 97-105.

Twenty-First Century Fox, Inc (15 December 2016). "Recommended Cash Offer for Sky PLC". Company Filing.

Variety (19 April 2018). "SEC Filing Reveals New Details on Disney-Fox Deal, and How Comcast Got Rejected" . https://www.variety.com/2018/biz/news/disney-fox-acquisition-comcast-timeline-1202758220.

Vogel, Ezra (1979). *Japan As Number One: Lessons For America*. Cambridge. Mass.: Harvard University Press.

Vogel, Ezra (2019). *China and Japan: Facing History*. Cambridge, Mass.: Harvard University Press.

The Wall Street Journal (14 February 2018). "Sky Shares Rise on Cheaper Soccer Rights, Pressuring Fox to Raise Bid". https://www.wsj.com/articles/sky-rises-on-cheaper-soccer-rights-pressuring-fox-to-raisebid-1518610133.

The Walt Disney Company (18 April 2018). "Form S-4: Registration Statement". SEC Filing.

The Walt Disney Company (20 June 2018). "The Walt Disney Company Signs Amended Acquisition Agreement to Acquire Twenty-First Century Fox., Inc., For $71.3 Billion in Cash and Stock". SEC Filing.

Wharton Magazine (Fall 2014). "Pride of Private Equity: David Mussafer". https://www.magazine.wharton.upenn.edu/issues/fall-2014/david-mussafer-wg90.

WDW News Today (17 June 2018). "A Timeline of the Disney and Comcast Battle for 21st Century Fox". https://wdwnt.com/2018/06/a-timeline-of-the-disney-and-comcast-battle-for-21st-century-fox.

Weisberger, Lauren (2018). *When Life Gives You Lululemons*. Simon & Schuster.

Wilson, Michiko (1986). *The Marginal World Of Oe Kenzaburo: A Study In Themes And Techniques*. Armonk, N.Y.: M.E. Sharpe.

Wright, Craig (2020). *The Hidden Habits of Genius*. Dey Street Books.

Wylie, Christopher (2019). *Mindf*ck: Cambridge Analytica and the Plot to Break America*. Random House.